ABITUR-TRAINING
ETHIK

Ethische Positionen in historischer Entwicklung

Grundkurs

STARK

Bildnachweis
© www.visipix.com

ISBN 978-3-89449-181-9

www.stark-verlag.de
1. Auflage 1983

Inhalt

(Fortsetzung nächste Seite)

Vorwort

Liebe Kollegiatin, lieber Kollegiat,

das Ziel des vorliegenden Bandes ist es, Ihnen **ethische Positionen** und Problemstellungen vor ihrem geistesgeschichtlichen Hintergrund verständlich zu machen.

Da die Ethik ein Teilbereich der Philosophie ist, wurde es als sinnvoll erachtet, die Darstellungen der einzelnen philosophischen Richtungen mit ihren jeweiligen ethischen Vorstellungen einem **chronologischen Ablauf** folgen zu lassen.

Dieses Vorgehen erleichtert es Ihnen, geistes- und philosophiegeschichtliche Zusammenhänge schneller zu erkennen und die unterschiedlichen ethischen Positionen und Fragestellungen aus ihrer **historischen Entwicklung** heraus besser zu verstehen.

Es wurde, wo es möglich und sinnvoll erschien, versucht, philosophische Sachverhalte so aufzubereiten, daß sie Anknüpfungspunkte für eigenes Nachfragen und kritische Auseinandersetzung mit einzelnen Positionen sowie Anregungen für Diskussionen im Unterricht bieten.

In diesem Sinne kann dieser Band auch als **gute Vorbereitung** auf **Klausuren** und das **Colloquium** dienen.

Ihr
Stark Verlag

Einführung: Ethik als Disziplin der Philosophie

Ethik ist eine Disziplin der Philosophie. Sie hat im Unterschied zur Moraltheologie den Komplex der Sittlichkeit zum Gegenstand: Werte, Wertungen, die Unterscheidung von Gut und Böse, Pflicht, Gewissen sowie das Verhältnis von Sittlichkeit und Glückseligkeit. Ihre Aufgabe sind Analyse, phänomenologische Beschreibung und Begründung der ethischen Zusammenhänge.

Das Wort kommt aus dem Griechischen und meint ursprünglich die gewohnten Wohnsitze, die Heimat. Metonymisch wurde daraus ῆθος (äthos: Herkommen, Brauch, Wesen, Sittlichkeit). Durch Substantivierung des daraus abgeleiteten Adjektivs ηθικός (äthikos) entstand das Wort η ηθική (hä äthikä: Moral, Ethik). Der mit dem Wort Ethik weithin synonym gebrauchte Begriff Morallehre kommt vom Lateinischen "mores" (die Sitten) bzw. "moralia" (das auf die Sitten Bezügliche).

Seit *Platon* (428–348 v. Chr.) und *Aristoteles* (384–322) versteht man unter Ethik denjenigen Teil der Philosophie, der sich mit den Normen des menschlichen Handelns befaßt. Ethik ist also eine normative Wissenschaft. Da ihr Gegenstand das menschliche Handeln ist, ist sie eine praktische Wissenschaft, im Unterschied, aber nicht im Gegensatz, zu rein theoretischen Wissenschaften, wie z. B. der Logik.

Als Wissenschaft vom menschlichen Handeln im weitesten Sinne des Wortes, also einschließlich des Fühlens und Denkens, berührt sie sich mit allen Wissenschaften, deren Gegenstand menschliches Verhalten ist, vor allem mit Psychologie und Soziologie. Doch weder die Methoden (z. B. statistische Erhebungen) noch die Ziele empirischer Wissenschaften können zur Aufstellung von Normen mit verpflichtendem Charakter führen. Würde z. B. eine statistische Erhebung nachweisen, daß mehr als 50 % der Autofahrer bereit sind, bei der Verursachung eines nur leichten Blechschadens Fahrerflucht zu begehen (soweit sie sicher wissen, daß sie nicht beobachtet worden sind), so würde daraus keineswegs folgen, daß dieses Verhalten sittlich richtig ist.

Eine Ethik kann sich jedoch nicht mit der Aufstellung eines Normenkatalogs zufriedengeben. Der verpflichtende Charakter der Normen muß vielmehr begründet werden. Vor dem Hintergrund historisch vorliegender ethischer Systeme muß in bezug auf die Begründung zwischen **Offenbarungsethik** und **Vernunftethik** unterschieden werden.

Offenbarungsethik wird zurückgeführt auf den positiven Willen eines höchsten Wesens (Gottes), das den Menschen diesen seinen Willen geoffenbart hat. Bei Juden und Christen ist diese Offenbarungsethik im Alten Testament, besonders im Dekalog (3. Buch Moses'), niedergelegt; für die Christen zusätzlich in den Schriften des Neuen Testamentes, für die Mohammedaner im Koran.

Vernunftethik oder philosophische Ethik versucht, ethische Zusammenhänge mit den Mitteln der Vernunft einsichtig zu machen. Solche Versuche gibt es seit der Zeit der Pythagoräer vor 500 v. Chr. Das Verfahren bis *Kant* (1724–1804) war dabei immer, die Erreichung oder Verwirklichung gewisser Güter und Werte als verpflichtend oder wenigstens erstrebenswert nachzuweisen und Wege dazu aufzuzeigen. Kant nannte abwertend jede solche Ethik eine **Güterethik** oder **materiale Ethik** und stellte ihr den **ethischen Formalismus** entgegen, wonach das Sittengesetz in uns absoluten Gehorsam verlangt – ohne Rücksicht auf die Folgen unseres Handelns.

Beide denkbaren Grundlagen unseres Handelns werden gelegentlich auch als **entelechetisch** (ἐντελέχεια, entelecheia: zielgerichtete Tätigkeit, Wirksamkeit) und **deontologisch** oder deontisch (τὸ δέον, to deon: das, was sich gehört) unterschieden. Die Deontologie ist eine reine Pflichtethik, entelechetisch meint eine materiale oder Zweckethik im Sinne Kants. Daß hier kein unaufhebbarer Widerspruch besteht, hat nicht zuletzt *Max Scheler* (1874–1928) gezeigt. Eine gewisse Begriffsverschiebung findet statt, wenn z. B. *Ota Weinberger* (Prag) als Deontik "die logische Disziplin, welche von der Struktur der Normsätze und von Folgerungsbeziehungen handelt"[1], aufgefaßt wissen will.

Zu den verbreitetsten Geisteshaltungen unserer Zeit gehören **Positivismus** und **Marxismus.** Letzterem ist ein sozialistisch orientiertes Ethos zueigen. Ausgesprochen anti-ethisch in dem Sinne, daß die Möglichkeit verpflichtender Normen geleugnet wird, ist jedoch nur der Positivismus. Dieser besteht in einer Erkenntnis- und Wissenschaftstheorie, die nur das durch empirische Beobachtung Verifizierbare oder Falsifizierbare als möglichen Inhalt sinnvoller Sätze anerkennt. Es ist klar, daß auf dieser Basis Ethik nicht begründet werden kann, da die Gültigkeit hypothetischer Normen nicht durch Beobachtung begründbar ist. Dies haben vor allem die Neopositivisten *Rudolf Carnap* (1891–1970) und *Hans Reichenbach* (1891–1953) klar erkannt und ausgesprochen. Für Reichenbach sind Moralfragen Machtfragen: Da ein unreflektierter Positivismus die Haltung vieler Naturwissenschaftler ist, sehen sie ihre Wissenschaften in einem wertneutralen Raum, in welchem sie sich nur ihrem Erfolg als Forscher verpflichtet fühlen. Näheres über den Positivismus muß einem späteren Kapitel vorbehalten bleiben.

Die griechische Antike

Am Beginn der griechischen Philosophie stand ein von metaphysischen Fragen geprägtes Denken, dessen Ursprung in der Betrachtung der Natur lag. Diese zu erklären und auf ihre letzten Ursachen zurückzuführen (kosmologisches Problem) sowie in der Folge das Wesen aller Dinge (ontologisches Problem) zu erforschen, war das Ziel aller Philosophen von Pythagoras bis Epikur. Gemeinsam ist ihnen auch der Ausgangspunkt ihres Fragens, nämlich die Überzeugung davon, daß die mannigfaltigen Erscheinungen der Außenwelt auf eine einheitliche Grundstruktur zurückzuführen sein muß. Damit kann die Erkenntnis von der Natur nicht allein auf der sinnlichen Anschauung basieren, sondern muß ihren Ort im menschlichen Verstand haben.

Pythagoras und die Pythagoräer

Pythagoras aus Samos (um 550 v. Chr.) war einer der großen Ethiker des Abendlandes. Vor ihm haben schon die Dichter Homer und Hesiod in ihren Dichtungen ethische Grundhaltungen artikuliert, die bei Homer (Ilias, Odyssee) einer aristokratischen Standesethik, bei Hesiod einer bäuerlichen Gerechtigkeitsethik entsprechen. Selbstverständlich fehlen auch bei den übrigen Vorsokratikern[2] ethische Gesichtspunkte nicht.

Pythagoras hat seine Lehre nicht schriftlich niedergelegt. Dies tat erst die dritte und vierte Schülergeneration der pythagoräischen Schule. Aus diesem Grund kann die Lehre des Pythagoras und deren Weiterentwicklung durch seine Schüler nicht eindeutig unterschieden werden. Sie bildeten eine Gemeinschaft von Esoterikern[3], die ihre Erkenntnisse nicht nach außen weitergeben wollten.

Bleibender Bestandteil dieser Lehre ist die Erkennbarkeit der Natur mit den Mitteln der Mathematik. In der Natur herrschen einfache Zahlenverhältnisse vor, wie dies exemplarisch in der Musik der Fall ist (Monochordversuche[4]). Diese einfachen Zahlenverhältnisse stehen in unmittelbarem Zusammenhang mit der Harmonie und der Symmetrie allen Seins. Das Nichtsymmetrische ist "häßlich und schädlich"[5].

Daher muß auch der Mensch nach dieser Symmetrie, einer Ausgeglichenheit zwischen Körper und Seele streben, die darüber hinaus auch das innerseelische Gleichgewicht der einander widerstrebenden Seelenkräfte umfaßt. Vorzügliches

Mittel zur Erreichung dieser Symmetrie sind Musik und Freundschaft. Freundschaft und Freundschaftstreue gehören zu den wichtigsten Tugenden der Pythagoräer, wie es Hyginus in der Erzählung von Damon überliefert hat, der den grausamen Tyrannen Dionysius von Syrakus erdolchen wollte, aber erwischt und zum Kreuzestod verurteilt wurde. Die von Schiller dichterisch gestaltete Legende ("Die Bürgschaft") erzählt von der Treue und Opferbereitschaft Damons und seines Freundes, die schließlich sogar den Tyrannen rührte, so daß er die beiden Freunde begnadigte.

Die Forderung, daß Symmetrie auch innerhalb des menschlichen Körpers walten müsse, regte die medizinische Forschung an und führte zur Entwicklung einer eigenen Humoralmedizin, d. h. zu einer Lehre vom Gleichgewicht der Körpersäfte.

Die pythagoräische Ethik enthält Gedanken, die lange Zeit aktuell blieben und es teilweise bis heute sind. Die geforderte Leib-Seele-Symmetrie entspricht dem griechischen Kalokagathia-Erziehungsideal (griech. kalòs kaì agathòs "schön und gut") sowie dem römischen von Iuvenal formulierten Ideal von der "mens sana in corpore sano". Daß die Lebensführung vernunftgemäß sein muß, wurde zum ethischen Grundsatz Platons und in der Folge mehr oder weniger zum Gemeingut jeder Ethik. Mangelnde seelische Symmetrie können wir heute als seelische Spannung und in schweren Fällen als Neurose bezeichnen. Daß Musik der seelischen Entspannung dient, entspricht auch modernen psychologischen Erkenntnissen sowie alter Erfahrung; das gleiche gilt für die Bedeutung der Freundschaft – für die Pythagoräer Ausdruck höchster Harmonie. Schließlich könnte man in der stoischen Gemütsruhelehre eine, wenngleich auch einseitige Fortentwicklung der pythagoräischen Symmetrielehre sehen.[6]

Sokrates und seine Epigonen

Sokrates (470 – 399)

Mit wahrer Leidenschaft hat Sokrates sein Leben der Frage der Wahrheit gewidmet. Er ist 470 in Athen als Sohn eines Bildhauers und einer Hebamme geboren, erlernte das Handwerk des Vaters, sah aber schon bald seinen eigentlichen Beruf in der Unterrichtung der Jugend über **Wahrheit** und **Tugend**.

Tugend und Wahrheit sind komplementäre Begriffe. Tugend besteht nach der antiken Vorstellung darin, der erkannten Wahrheit konsequent zu folgen. Sokrates wollte seine Schüler nicht, gewissermaßen vom Katheder herab, belehren, sondern sie anleiten, selbst die Wahrheit zu finden. In Anlehnung an den Beruf seiner Mutter nannte er diese heuristische Methode **Mäeutik** (Hebammenkunst).

Sokrates ging davon aus, daß die sittliche Natur dem Menschen wesenseigen und damit die sittlichen Begriffe, auf denen ein geordnetes und tugendhaftes Leben beruhe, in allen Menschen gleichermaßen, wenn auch zunächst unbewußt, vorhanden sind. Daher gehe es nur darum, die Menschen durch Fragen und Einwände zur Einsicht in die eigene Natur, die an sich gut ist, zu führen und sie auf diese Weise selbsttätig in der eigenen Seele die Wahrheit finden zu lassen. Dazu wandte er eine Methode an, mit deren Hilfe er zunächst einmal Vorurteile zu zerstören suchte, indem er seine Dialogpartner durch geschickte Fragen in Widersprüche verwickelte. Dabei verstellte er sich, als ob er selbst der Unwissende wäre, der vom anderen Belehrung sucht, bis sich dieser selbst in seinen Widersprüchen verfangen hat und sich zu guter letzt eingestehen muß: "Ich weiß, daß ich nichts weiß"[7]. Dann bemühte er sich, wieder auf dem Weg des Dialogs, den Partner anhand einzelner Tugenden zur Selbsterkenntnis im Hinblick auf das Wesen der Tugend zu führen.

Diese "Menschenprüfung", von der er auch die damals in Athen sehr einflußreichen Sophisten[8] nicht ausnahm, machte ihn ebenso unbeliebt wie der Inhalt seiner sittlichen Aussagen. Er vertrat die Anschauung, daß es besser sei, Unrecht zu erleiden als zu tun und analog dazu, daß es für den, der Unrecht getan hat, besser sei, bestraft als nicht bestraft zu werden, denn der Erkenntnis des Guten muß die Handlung folgen: Wissen und Tugend sind eins. Um sich dieses lästigen Mahners zu entledigen, zeigten einflußreiche Athener Sokrates wegen Gottlosigkeit und Verführung der Jugend an. Er wurde zum Tode durch den Giftbecher verurteilt und starb (etwa) im Jahr 399 im Gefängnis. Eine Flucht aus dem Gefängnis, die die Behörden, die ein schlechtes Gewissen hatten, stillschweigend geduldet hätten, lehnte er ab, da man dem Staat gehorchen müsse, auch wenn er Unrecht tue.

Sokrates selbst hat keine Schriften hinterlassen. Was wir von ihm wissen, wissen wir vor allem von dem Historiker *Xenophon* und seinem bedeutendsten Schüler *Platon* (428–348). Dieser hat seine Schriften größtenteils in Dialogform abgefaßt; in den meisten dieser Dialoge legt er seine eigenen Lehren seinem verehrten Meister Sokrates in den Mund, weshalb zwischen den Lehren Platons und Sokrates' nicht eindeutig unterschieden werden kann.

Die unvollkommenen Sokratiker

Man bezeichnet die Sokratesepigonen, die sich nur einen Teil der sokratischen Philosophie, nämlich den praktischen, angeeignet haben, als unvollkommene Sokratiker. Man unterscheidet zwei Richtungen: einmal jene, deren Lebenszweck das tugendhafte Leben war, und zum anderen jene, die das Streben nach Glückseligkeit zu ihrem Lebensprinzip erhoben. Die ersteren sind Anhänger des Kynismus, die letzteren des Hedonismus.

Kynismus:

Die Schule der Kyniker wurde von *Antisthenes* (444–368) nach dem Tod Sokrates' im Gymnasium "Kynosarges" (griech. kynikós: Hund) gegründet. Für sie war ein tugendhaftes Leben der Endzweck menschlichen Daseins. Gemäß dieser Lehre, nach der allein die Unabhängigkeit von materiellen Dingen ein tugendhaftes Leben garantieren könne, war das Leben der Kyniker durch größte Bedürfnislosigkeit und Selbstgenügsamkeit gekennzeichnet.

Eine eher schrullige Figur aus der Schule der Kyniker ist *Diogenes von Sinope* (um 400 – zw. 328 und 323), der die Bedürfnislosigkeit so wörtlich nahm, daß er in einem leeren Weinfaß wohnte und seinen Durst mit Wasser stillte, das er aus der hohlen Hand trank.

Dem Wort Kyniker bzw. Zyniker widerfuhr im Laufe der Jahrhunderte ein Bedeutungswandel. Die ursprünglichen Zyniker haben um der Tugend willen alle anderen Werte wie Wohlleben, Reichtum, aber auch geistige Werte wie Kunst und Wissenschaft gering geachtet. Heute bezeichnen wir als Zyniker Menschen, die vor allem ethische und religiöse Werte negieren, häufig in einer andere Menschen kränkenden Weise. Auch den bewußten Mißbrauch der Wertvorstellungen anderer Menschen zum Zwecke des eigenen materiellen Vorteils bezeichnet man als Zynismus. Das wohl berühmteste literarische Beispiel für diese Fehlhaltung hat uns Molière in der Titelfigur seiner Komödie "Tartuffe" geliefert. Dieser Bedeutungswandel geht darauf zurück, daß die Tugend durch ihre ausschließliche inhaltliche Festlegung auf den Begriff der Genügsamkeit ihres eigentlichen Sinnes beraubt wurde. Der Verzicht erscheint als etwas Negatives, und das rein Negative kann nicht Sinn des Lebens sein. Sowohl die Negierung der sozialen Natur des Menschen wie auch des Wertes und Vorranges der einzelnen Person zerstört in der Konsequenz alle menschlichen Werte. Man hat gelegentlich, und wohl mit Recht, auf die Eitelkeit hingewiesen, mit der Diogenes seine Bedürfnislosigkeit zur Schau gestellt hat. Jedenfalls darf eine solche Bedürfnislosigkeit nicht mit christlicher Askese verwechselt werden, die niemals als Selbstzweck aufgefaßt wurde, sondern immer als Mittel, sich für andere, höhere Werte frei zu machen (ἄσκησις, akskäsis: Übung).

Hedonismus:

Aristipp aus Kyrene (ca. 435–355) sah wie Sokrates, Platon und Antisthenes das eigentliche Ziel menschlichen Strebens in der Glückseligkeit, die sich für ihn jedoch nicht in der Tugend verwirklichte, sondern im sinnlichen Genuß und im Vergnügen. Man nennt diese Haltung Hedonismus; synonym wird dazu das Wort Voluptarismus (lat. voluptas: Vergnügen, Lust) gebraucht. Freilich sind auch hier Tugend und Einsicht unentbehrlich, da ansonsten die Gefahr besteht, daß man sich der Lust in einer Weise hingibt, die Verdruß, Schmerz und Krankheit zur Folge hat.

Die Aristippsche Hedonik wurde von dem sehr viel bedeutenderen Philosophen *Epikur* weiterentwickelt (vgl. S. 15 f.).

Platon und Aristoteles

Mit Platon und Aristoteles beginnt die Epoche des Gegensatzes zwischen Idealismus und Realismus. Gemeinsamer Ausgangspunkt ist das wahrhaft Seiende. Die Frage – und damit entscheidend für den Ansatz der Erkenntnis – ist nun, ob dieses Sein als ein Allgemeines eine geistige Wirklichkeit ist (idealistische Position Platons) oder ob es seinen Ort im erfahrbaren Einzelnen hat (realistische Position Aristoteles).

Platon (428 – 348)

Platons Ethik hängt eng mit seiner Seinslehre (Ontologie) zusammen. Nach ihm ist das wahre, eigentliche und unveränderliche Sein das **Sein der Ideen**. Diese sind hierarchisch geordnet. Die Erkenntnis dieser Ordnung setzt mathematische Beobachtung voraus, da sie eine Ordnung nach Wahrheit ist, die für Platon im Anschluß an die Pythagoräer mathematisch erfaßbar ist.[9] Mathematik ist für ihn eine Voraussetzung zur Philosophie, weshalb über dem Tor der Akademie, in der er unterrichtete[10], die Worte gestanden haben sollen: "Μηδεὶσ ἀγεωμέτρητος εἴ σίτω" ("Kein der Mathematik Unkundiger darf eintreten."), wobei die Griechen mit Mathematik weitgehend Geometrie identifizierten.

Die Idee des Guten nimmt die Spitze der Ideenhierarchie ein und durchwaltet sie; sie ist gleichzeitig immanent und transzendent. Gut ist die Ordnung, insofern sie wahr ist: Gutheit wird als Wahrheit bestimmt. Die realen körperlichen Dinge sind gut und wahr, insofern sie mit den Ideen übereinstimmen, wie es etwa am gezeichneten Kreis und an der Idee des Kreises exemplifiziert werden kann.

Sittliche Aufgabe des Menschen ist es, diese Übereinstimmung mit den Ideen für sich und die Gesellschaft zu verwirklichen. Dabei übernimmt Platon die sokratische Mäeutik: Der negative Teil der Prüfung besteht im Aufdecken eventueller Widersprüche. Wo solche vorhanden sind, ist keine Wahrheit. Aufgabe des positiven Teils der Untersuchungen ist es, Grundsätze zu finden, nach denen das praktische Leben der Seinsordnung der Ideen angepaßt wird.

Besonders eindrucksvoll hat Platon dies in dem Dialog "Gorgias" durchgeführt, in welchem Sokrates seine Dialogpartner geschickt zu dem Zugeständnis nötigt, daß Unrecht leiden besser ist als Unrecht tun, und daß es für den, der Unrecht getan hat, besser ist bestraft zu werden als nicht bestraft zu werden. Aufgrund der Diskussionsregeln, die sie anerkannt haben, müssen Sokrates' Diskussionspartner Polos und Kallikles, gewissermaßen zähneknirschend, diese Zugeständnisse machen.

In der Schrift "Die Republik" geht Platon von drei Seelenvermögen aus: der Vernunft (λόγος: logos), deren Sitz der Kopf ist, dem Strebevermögen (θυμοειδές: thymoeides), dessen Sitz die Brust ist, und als drittes das sinnliche Begehren (ἐπιθυμητικόν: epithymätikon), dessen Sitz der Bauch ist. Unsterblich ist nach Platon nur die vernünftige Seele; die mutige Seele ist der Vernunft zugeordnet, während zwischen sinnlichem Begehren und Vernunft eine Spannung besteht. Schiller hat diese platonische Auffassung, die einer alten Menschheitserfahrung entspricht, in seinem Gedicht "Das Ideal und das Leben" formuliert: "Zwischen Sinnesglück und Seelenfrieden/Bleibt dem Menschen nur die bange Wahl."

Platon vergleicht in der "Republik" den Menschen mit einem Pferdegespann: Die Vernunft ist der Wagenlenker; Mut und sinnliches Begehren sind die Pferde, die den Wagen ziehen. Wenn die Vernunft den Wagen nicht oder schlecht lenkt, werden ihn die beiden Pferde hin- und herreißen und schließlich zum Scheitern bringen.

Jedem der drei Seelenvermögen kommt, entsprechend seiner Eigenart, eine spezifische Tugend zu: der Vernunft die Weisheit, dem Vermögen der Gefühle oder Affekte die Tapferkeit, der sinnlichen Begierde die Mäßigung. Die Vernunft muß mit Hilfe des Mutes herrschen, die Begehrlichkeit sich unterordnen. Aber das richtige Verhältnis zwischen den drei Seelenvermögen zu wahren, jedem das Seine zuzuordnen, ist Sache der Gerechtigkeit. Die vier sich so ergebenden Tugenden, Weisheit, Tapferkeit, Mäßigung, Gerechtigkeit, nennt man die **Kardinaltugenden**, da sich um sie das ganze sittliche Leben dreht.

Diese analoge Ordnung im Reich der Ideen und im "Mikrokosmos" des Menschen[11] soll sich auch in der menschlichen Gesellschaft, im Staate, in der πόλις (polis), widerspiegeln. Platon hat in den Dialogen "Die Republik" und "Über die Gesetze" seine Staatsphilosophie dargelegt. In der ersten Schrift beschreibt er den seiner Überzeugung nach besten Staat, von dem er aber selbst einsieht, daß er nicht zu realisieren ist. Deshalb hat er die zweite der genannten Schriften folgen lassen, in der er ein Staatswesen schildert, wie es noch der Ideenhierarchie entspricht, das aber gleichzeitig trotz der Trägheit und Widerspenstigkeit der Menschen (seiner Meinung nach) verwirklicht werden könnte. Die Vernunft wird im Staat durch die Philosophen repräsentiert, denen es zukommt, als Philosophenkönige zu herrschen, der Mut durch den Wehr- oder Soldatenstand, das Begehrungsvermögen durch den Handwerkerstand, der für die Ernährung und Erhaltung nicht nur seiner selbst, sondern aller Staatsbürger mit Mäßigung zu sorgen hat. Die Ordnung unter den Ständen und im ganzen Staate wahrt die Gerechtigkeit, die dann verwirklicht ist, wenn jeder Stand das Seinige tut. Der Spielraum menschlicher Freiheit ist in der Staatslehre Platons gering.

Platon geht von drei Voraussetzungen aus:
1. Die Wahrheit ist theoretisch erkennbar.
2. Das sittliche Handeln in einer eindeutigen und darum gleichfalls erkennbaren Weise ist der Wahrheit des Seins zugeordnet.
3. Die Erkenntnis der Wahrheit und des Rechten hat notwendig sittliches Handeln zur Folge.

Der Mensch wählt mit Notwendigkeit von zwei Möglichkeiten immer die, die er für die bessere hält; wenn er darum das objektiv Bessere als solches erkannt hat, wird er sich auch dafür entscheiden. Sittlichkeit steht für Platon mit philosophischem Erkennen in notwendiger Verbindung. Der Mensch handelt sittlich, indem er sich der erkannten Wahrheit des Seins gemäß verhält, die im Leben des einzelnen wie im Staate Norm zu sein hat.

Der platonischen Ethik liegt ein **aufklärerischer Optimismus** zugrunde. Der entsprechend unterrichtete Mensch wird von selbst auch ein guter Mensch sein. Von der christlichen Erbsündenlehre, wonach jeder Mensch infolge der Erbsünde einen natürlichen Hang zum Bösen hat, findet sich hier noch keine Spur, erst recht natürlich nichts von der modernen Interpretation, wonach das "sogenannte Böse" nur Ausdruck eines genetisch bedingten Agressionstriebes sei.

Wir betrachten heute mit Recht diesen platonischen Optimismus als naiv. Platon selbst hat mit ihm Schiffbruch erlitten, als er den begabten, aber gewissenlosen Tyrannen von Syrakus, *Dionysius,* für seine politischen Ideen gewinnen wollte. Auch macht man seinem Rationalismus nicht zur Unrecht den Vorwurf, daß seine ethischen und staatspolitischen Vernunftkonstruktionen die wirklichen Bedürfnisse des Menschen übersehen. Bei aller Berechtigung solcher Kritik bleibt es das Verdienst Platons, daß er das Wesen des Sittlichen erkannt hat: ein vernunftgemäßes Leben, in dem sich die Wahrheit des Seins verwirklicht.

Aristoteles

Der dritte im großen Dreigestirn der griechischen Philosophen Sokrates, Platon, Aristoteles ist im Jahre 384 v. Chr. als Sohn eines Arztes in Stagira geboren und 322 in Chalkis gestorben. 20 Jahre lang war er Schüler Platons in der Akademie in Athen, wurde aber nach dessen Tod nicht sein Nachfolger als Schuloberhaupt. König Philipp von Makedonien berief ihn im Jahre 343 als Erzieher seines Sohnes Alexander. Nach dessen Thronbesteigung ließ er sich wieder in Athen nieder und gründete dort eine eigene Schule, die unter dem Namen "peripatetische Schule" in die Geschichte eingegangen ist, da man im Umherwandeln diskutierte und sich unterhielt (περιπατεῖν: umherwandeln). Nach Alexanders Tod fiel er als Freund des großen Makedoniers in Ungnade und entzog sich einem drohenden Prozeß "wegen Gottlosigkeit" durch die Auswanderung nach Chalkis.

Die Schriften des Aristoteles bilden einen Abriß des gesamten Wissens seiner Zeit, das er selbst in wesentlichen Punkten erweitert hat. Er ist der Begründer einer thematischen Metaphysik als einer Lehre vom Sein als solchem und damit auch vom höchsten Sein, dem göttlichen Sein. Die Gesamtheit der aristotelischen Werke, insbesondere aber seine "Metaphysik", geben der Forschung bis heute hinsichtlich ihrer Entstehungsgeschichte und Interpretation Probleme auf: Was ist original von Aristoteles, was Vorlesungsniederschrift seiner Schüler und was ist vielleicht erst später hinzugekommen? Auf Aristoteles geht zwar nicht das Anliegen der Metaphysik zurück, das in Wahrheit sehr viel älter ist, wohl aber ihre Bezeichnung. Der Redakteur der aristotelischen Schreiben, *Andronikus von Rhodos*, hat die 13 metaphysischen Problemen gewidmeten Bücher des Aristoteles hinter dessen physikalische Schriften (griech. μετὰ τὰ φυσικά: meta ta pysika), deren Thematik sehr bald zum Namen dieser Wissenschaft selbst wurde, eingeordnet. Aristoteles gilt auch als Begründer der formalen Logik. Seine unter dem Namen "Organon" (Werkzeug) zusammengefaßten logischen Schriften galten bis in das letzte Jahrhundert hinein als endgültige und nicht mehr entwicklungsbedürftige Zusammenfassung der logischen Wissenschaft. Daß neben und nach Aristoteles, insbesondere auch im Mittelalter und der beginnenden Neuzeit (Leibniz), wesentliche logische Forschungsarbeit geleistet wurde, entging fast allen Philosophen, nicht zuletzt Kant.[12]

Auch mit ethischen Problemen hat sich Aristoteles intensiv befaßt und drei umfangreiche Bücher über die Ethik hinterlassen: die Nikomachische Ethik, die Eudemische Ethik und die Große Ethik. Im Gegensatz zum Idealismus Platons steht die aristotelische Philosophie auf dem Boden der Erfahrung. Die Feststellung, daß das Philosophieren so wenig zur Gesundheit der Seele, nämlich zur Tugendhaftigkeit, führe, wie die ärztliche Aufklärung zur Gesundheit des Leibes, wenn man die Vorschriften des Arztes nicht befolgt,[13] da aus der Erkenntnis der Wahrheit noch nicht notwendigerweise die Tugend folgt, spiegelt diesen Unterschied wider. In das Zentrum seiner Philosophie stellt Aristoteles das menschliche Streben nach Glück (griech. eudaimonia). In dieser Hinsicht hat der Mensch keine Freiheit; lediglich die Wahl der Mittel, die zur Glückseligkeit führen sollen, steht ihm frei.

Es ist nun die Frage, worin das Wesen der Glückseligkeit besteht. Es liegt, nach Aristoteles, nicht im Genuß, sondern in der Tätigkeit, und zwar in derjenigen Tätigkeit, durch die sich der Mensch vor allen anderen Wesen auszeichnet, in der **tugendhaften Tätigkeit.** Nur der Tugendhafte ist glücklich. Das höchste Glück, die Vollendung schlechthin, besteht in der Schau (ϑεωρία: theoria) der Wahrheit, die allerdings nur dem philosophischen Menschen zugänglich ist. Dieser Gedanke findet sich auch im Christentum wieder. Für den Christen besteht die ewige Seligkeit in der unverlierbaren Schau Gottes als der ewigen Wahrheit (vgl. Augustinus und Thomas von Aquin). Die Griechen dagegen waren diesseitsorientiert[14]. Aristoteles dachte kaum an eine jenseitige Erfüllung menschlichen Glücksverlangens.

Aristoteles unterscheidet zwischen den **dianoetischen Tugenden**, Kunst, Klugheit, Intelligenz, Wissenschaft, Weisheit, und den **ethischen Tugenden**, jenen, die in der tätigen Lebensführung ausgeübt werden. In bezug auf die letzteren entwickelt er seine berühmte μεσότης-(mesotäs-)Lehre, die Lehre vom rechten Mittel oder vom rechten Maß. Jede ethische Tugend ist die rechte Mitte zwischen zwei Extremen, z. B. die Tapferkeit die rechte Mitte zwischen den Extremen der Feigheit und der Tollkühnheit, die Mäßigung die rechte Mitte zwischen den

Extremen des Geizes und der Verschwendung. Doch wäre es falsch, diese Mitte nur negativ als Vermeidung der Extreme zu bestimmen. Sie ist vielmehr als das rechte Maß in der Wahrheit zu interpretieren. So kann Aristoteles Mitte als eine Art Spitze bezeichnen: "ἡ μεσότης ἀκρότης πως"[15].

Da auch die Wahrheit als Mitte aufzufassen ist, stellt diese Lehre von der Mitte, ähnlich wie es Platon tut, das ethische Handeln unter das Gesetz der Wahrheit. Doch ist Wahrheit nicht zu bestimmen als die Mitte zwischen zwei entgegengesetzten Unwahrheiten (wie eine abwegige Interpretation den dialektischen Begriff der Synthese bei Hegel versteht). Wahrheit und Tugend sind an und für sich selbst die rechte Mitte und bedürfen nicht erst der Korrektur zu einer Mitte hin. **Die Wahrheit ist normierend.** So ist z. B. zwischen den Aussagen "2 + 2 = 4" und "2 + 2 = 6" nicht etwa die Aussage "2 + 2 = 5" die rechte oder gar vernünftige Mitte, sondern ebenso falsch wie die zweite der genannten Aussagen. Erst später wurde der aristotelische Mitte-Begriff zur "aurea mediocritas", zur goldenen Mittelmäßigkeit, die ein möglichst bequemes und ungefährdetes Leben gewährleisten soll, verflacht.[16]

Der ethische Prozeß des Menschen geht also von der tugendhaften Tätigkeit aus und führt zum wünschenswertesten Ziel, zur **Schau der Wahrheit,** durch die der Mensch das Bewußtsein seiner göttlichen Natur und Bestimmung gewinnt. In der Tugend ist der Mensch frei. Seit Platon und Aristoteles gehört die Freiheit zu den großen Themen des abendländischen Denkens. Das erstrebenswerteste Ziel menschlicher Existenz – so hatten die Sophisten in ihren Streitgesprächen mit Sokrates wiederholt argumentiert – sei uneingeschränkte Macht über andere Menschen, sei, ungestraft tun und lassen zu können, was einem beliebe. Sokrates hatte ihren Zorn herausgefordert, wenn er ihnen bewies, daß die Tyrannen die Erbärmlichsten und Unfreiesten aller Menschen sind. Auch Aristoteles verlegt die Begriffe "frei" und "unfrei" in die sittliche Natur des Menschen; frei oder unfrei ist man durch Tugend oder Schlechtigkeit.[17] Freilich ist Aristoteles praktischer orientiert als Platon, und er weiß, daß zum wirklichen Glück des Menschen auch äußere Voraussetzungen erforderlich sind. Dies sind vor allem Gesundheit, Wohlstand und Intelligenz. Im ausdrücklichen Widerspruch zu seinem Lehrer Platon erklärt er, daß auch der tugendsamste Mensch auf der Folter nicht glücklich ist.[18]

Der Ort der Verwirklichung von Tugend und Glückseligkeit ist bei Aristoteles der Staat, denn der Mensch strebt nach gesellschaftlichem Zusammenschluß – er ist ein **"zóon politikon"**. Auf dieser Erkenntnis baut auch seine Gesellschafts- und Staatslehre auf: Der Staat soll so beschaffen sein, daß der einzelne auf bestmögliche Weise gemäß der Prinzipien von Tugend und Glückseligkeit leben kann. Im Gegensatz zu Platon, der für jede Gesellschaft die gleiche Staatsform vorsieht, hängt nach Aristoteles die Regierungsform von der jeweiligen Kulturstufe ab, auf der sich ein Volk gerade befindet. Die verschiedenen Verfassungen lösen sich von selbst nacheinander ab (Königtum, Tyrannentum, Aristokratie, Oligarchie, Demokratie, Ochlokratie). Als ideale Staatsform sieht Aristoteles die **"politeia"** an, jene Staatsform, die in der Mitte zwischen Königtum und Demokratie steht und aus einer Mehrheit der Edelsten eines Staates gebildet wird.

Man bezeichnet die aristotelische Auffassung vom Glück als dem höchsten Gut und letzten Ziel des Menschen auch als Eudaimonismus und spricht insbesondere vom aristotelischen Eudaimonismus, nach dem, wie wir gehört haben, das wahre Glück des Menschen in der "theoria", der geistigen Schau, besteht. Für den Christen besteht "eudaimonia" in der Schau Gottes (Augustinus, Thomas von Aquin). Für *Epikur*, aber auch für die späteren Sensualisten, wie *Locke* und *Hume*, besteht das ersehnte Glück in einem Maximum an Freude, vor allem sinnlicher Freude. *Kant* hingegen verwarf, wie wir noch sehen werden, den Eudaimonismus als unsittlich.

Stoizismus

Der Stoizismus ist die von der Stoa ausgehende Geisteshaltung, die in einer Zeit der Auflösung – Erweiterung der Grenzen durch die Eroberungen Alexanders des Großen, Eindringen anderer Kulturen und Sitten in das Leben der Griechen – ihren Schwerpunkt auf die Fragen der praktischen Lebensführung setzte. Gegründet wurde die Schule, die sich mit ihrer Philosophie an die Kyniker anschloß, von *Zenon aus Kittion* (350–258; nicht zu verwechseln mit dem Elaten Zenon, der 200 Jahre früher lebte). Der Name kommt von der "stóa poikíle", einer mit Gemälden von Polynet ausgeschmückten Säulenhalle in Athen, in welcher Zenon lehrte.

Für die Stoiker stellt sich als wichtigste sittliche Aufgabe des Menschen, ein Leben gemäß der Vernunft bzw. der Natur, frei von Affekten, Neigungen und Begierden, zu führen und Leiden mit "stoischer Gelassenheit" zu ertragen. Die Vernunft, an der sich das Leben des Menschen orientieren soll, ist Ausdruck und gleichzeitig Bestandteil der **göttlichen Weltvernunft**; Tugend und Glück sind nur in Übereinstimmung mit diesem Weltordnungsprinzip zu erreichen. Ein vernunftgemäßes Leben ist das einzige Gut des Menschen. Gegen die Natur geht alles, was ihn aus seinem seelischen Gleichgewicht bringt, sowohl übermäßige

Freude als auch übermäßiger Schmerz. Der stoische Weise ist auf die Erhaltung des Gleichmuts bedacht. Wird aber der Schmerz so groß, daß er nicht mehr mit Gleichmut ertragen werden kann, so bleibt als Ausweg der Selbstmord.

Die Weltvernunft will auch das Böse, da nur durch dieses das Gute bestehen könne. So sei Gerechtigkeit nicht ohne Ungerechtigkeit, Mäßigkeit nicht ohne Unmäßigkeit usw. denkbar. Es handelt sich bei dieser Argumentation um eine interessante logische Verwechslung: Mit dem Begriff des Guten ist zwar der Begriff des Bösen durch Antithese und Limitation mitgesetzt; jedoch folgt darauf nicht notwendig die reale Existenz des Bösen. Nun hatte sich mit der stoischen Schule die megarische Schule unter *Chrysippos* (280–209 v. Chr.) verbunden, die eine sehr alte, auf das vierte Jahrhundert zurückführende, logische Tradition besaß, begründet durch den Sokratesschüler *Euklid von Megara* (nicht zu verwechseln mit dem Mathematiker Euklid) und fortgeführt durch dessen Schüler *Diodoros Kronos*. Von ihm stammt der als "Meisterschluß" bekannte Satz, daß "nichts, was weder wahr ist noch wahr sein wird, möglich ist"[19]. Danach wäre also das Böse nicht möglich, wenn es nicht (irgend einmal) wirklich wäre. Insofern folgt aus dem Begriff des Guten der Begriff des Bösen, aus seinem Begriff aber als dem Inbegriff seiner logischen Möglichkeit auch seine Realität und Notwendigkeit, und zwar sowohl im allgemeinen als auch im Hinblick auf jede einzelne Tugend, in der sich das Gute konkretisiert.

Hatte Platon als Wesen des Sittlichen die Übereinstimmung mit der (für ihn im idealen Sein gründenden) Wahrheit erkannt, so wandten die Stoiker diesen platonischen Gedanken auf die **Natur** an, in der sie in samenförmiger Weise die Weltvernunft am Werke sahen. Da die Menschen selbst Bestandteil dieser Vernunft bzw. Gott-Natur sind, gelten sie auch als gleich. Vor diesem Hintergrund entwickelte sich die Idee des Naturrechts, die bis heute wirksamer geblieben ist als jede andere Rechtsphilosophie. Menschenrechtsdiskussionen wären ohne Anerkennung der von Natur gegebenen Menschenrechte sinnlos, auch wenn man sich dabei der christlich-stoischen Abstammung der Naturrechtsidee vielfach nicht mehr bewußt ist. Dabei ist die Kritik verfehlt, daß der angeblich statische Naturbegriff der Stoiker als solcher überholt sei. Diese Kritik ist nicht zuletzt durch eine unkritische Evolutionsschwärmerei bedingt, nach der sich die Natur selbst laufend höherentwickelt. Vom Standpunkt der Physik, Chemie und Astronomie her gibt es keinen Grund, an der zeitlich und räumlich unbeschränkten Gültigkeit der Naturgesetze zu zweifeln. So weist der Wiener Astronom und Naturphilosoph *Joseph Meurers* in diesem Zusammenhang darauf hin, daß es zu jeder Zeit Sterne in jedem Entwicklungsstadium gegeben hat und daß die weithin bekannte Sternentwicklung nicht als Entwicklung zu einer höheren (im Sinne von differenzierteren) Seinsform interpretiert werden kann.[20] Die Erkenntnis des Kosmos im großen und im kleinen wäre ohne die Annahme einer keiner Veränderung unterworfenen Gesetzmäßigkeit nicht einmal denkbar. Eine wirkliche Höherentwicklung ist nur im irdisch-biologischen Bereich nachweisbar; sie setzt aber ihrerseits gültige Naturgesetze voraus. Es ist zwar klar, daß zur Zeit der Stoa an eine biologische Höherentwicklung der Arten nicht gedacht werden konnte, doch hat die offenkundige Dynamik in der Natur nicht mit einer angeblichen Dynamik des Naturbegriffes selbst zu tun. Daher entbehrt die Unterscheidung zwischen statischem und dynamischem Naturbegriff jeglichen Sinns.

Spätere prominente Vertreter der stoischen Philosophie waren *Seneca* (4 v. Chr.–65 n. Chr.), der Erzieher Kaiser Neros, und *Marcus Aurelius* (121–180), der Philosoph auf dem Kaiserthron, der von 161 bis 180 in Rom regierte. Insbesondere in seinen "Moralepisteln" entwickelt Seneca Gedanken, die weitgehend mit den Forderungen der christlichen Nächstenliebe korrespondieren, indem er Milde und Verzeihen gegenüber den Mitmenschen sowie die Gleichwertigkeit von Sklaven fordert. Als weiteres Kriterium für ein sittlich gutes Leben wird die Grundsatztreue und sittliche Strenge gegen sich selbst betont. Sein Leben und Wirken hatte wesentlichen Einfluß auf das öffentliche Leben in Rom, z. B. auf die Gesetzgebung und Rechtspflege.

Trotz der Höhe ihres Ideals ist auch der stoischen Ethik eine Synthese des individualistischen und des sozialen Standpunktes nicht geglückt. Die Diskrepanz zwischen den Pflichten sich selbst und der sozialen Umwelt gegenüber blieb nachwievor bestehen. Den Paulinischen Rat, "sich zu freuen mit den Fröhlichen, zu trauern mit den Trauernden" (Röm. 12, 15), empfinden wir als sehr viel menschlicher als die hochmütige Distanzierung von Leid und Lust der Mitmenschen.

Epikureismus

Epikur lebte angeblich von 341 bis 270; doch sind die Jahreszahlen unsicher. Sicher ist nur, daß er ein sehr hohes Alter erreicht hat. Epikur setzt den Aristippischen Hedonismus fort. Er definiert Lust als das, was alle Menschen suchen, Schmerz als das, was alle Menschen fliehen. Deshalb kommt er wie Aristipp zu der Überzeugung, daß Lust das höchste Gut, Schmerz und Unlust aber das höchste Übel seien. Dieses höchste Gut gilt es, mittels maßvollen Genusses aller Lebensgüter zu erreichen, um zu innerer und äußerer Ruhe zu gelangen. Diese ist wesentlich als Freiheit von zu heftigen Erschütterungen und als unerschütterliche Seelenruhe bestimmt. Da aber absolute Schmerzlosigkeit nicht zu erreichen ist, formuliert er als obersten Grundsatz: Berechne Lust und Schmerz in einer Weise, daß du dir für dein ganzes Leben eine möglichst große Summe von Genuß verbunden mit einer möglichst kleinen Summe von Schmerz verschaffst![21] Die Tugend ist ein wesentliches Mittel, die ἀταραξία (ataraxia), die Seelenruhe, zu erreichen. Wie Platon kommt auch Epikur zu den vier Kardinaltugenden: Weisheit, Tapferkeit, Mäßigkeit und Gerechtigkeit. Insbesondere sind es aber vor allem drei Mittel, die zur Glückseligkeit führen: Genuß, gepflegte Freundschaft sowie die Vermeidung von politischem und sozialem Engagement. Um den Tod kümmert sich der Weise nicht; ein Weiterleben nach dem Tod gibt es nicht.

In den übrigen philosophischen Anschauungen ist Epikur von *Demokrit* (460–371) beeinflußt, der einen atomistischen Materialismus gelehrt hatte und der Begründer einer **materialistischen Naturauffassung** ist. Epikur konzediert zwar die Existenz von Göttern, doch ist er der Ansicht, daß sie sich nicht um den Menschen kümmern. Da sie selbst vollkommen glücklich sind, würde die Sorge um die Menschen nur ihr eigenes Glück trüben. "In des Himmels seligen Höhen führet sie nicht fremder Schmerz."[22]

Ethik und Seinslehre fallen bei Epikur auseinander. Sein Materialismus schließt eine Grundlegung der Ethik aus. Sein Hedonismus kann keine Verbindlichkeit beanspruchen. Er hat nur den Charakter einer Empfehlung, wie man es anstellen muß, um möglichst lange möglichst glücklich zu bleiben. Wenn auch Epikur selbst seiner Tugendlehre entsprechend ein sehr mäßiges Leben geführt haben soll – was das hohe Alter, das er erreicht hat, glaubhaft macht – so kann er uns doch nicht sagen, warum wir auf persönlichen Lustgewinn auf Kosten anderer verzichten sollen, wenn wir das ungefährdet können. Es ist auch durchaus vorstellbar, daß jemand einen kurzen Rausch der Sinnlichkeit und Lust einem andauernden Zustand ruhiger Glückseligkeit vorzieht. Auch hier kann uns Epikur nicht sagen, warum eine solche Haltung ethisch unzulässig sein soll.

Als spätere Epikureer sind der römische Dichter und Philosoph *Lucretius Carus* (Lukrez, um 96 v. Chr.–55) und der römische Lyriker *Quintus Horatius Flaccus* (Horaz, 65 v. Chr.–8) zu nennen. Letzterer hat in Gedichten von höchster Formvollendung die Freuden der Liebe und des Weingenusses besungen. Von ihm stammt das schon zitierte Wort von der "aurea mediocritas", das er zum Glück nicht auf das Niveau seiner eigenen Dichtung angewandt hat.

In unserem Jahrhundert hat der positivistische Philosoph *Moritz Schlick* (1882–1936) eine hedonistische Begründung der Ethik versucht.

Die Gnosis

Als Gnosis (griech. Erkenntnis) wird ein religiöses Denken bezeichnet, das in der Spätantike (1. Jh. vor Christus) in unterschiedlichen Ausprägungen sehr verbreitet war, seine Blütezeit im 2. Jahrhundert nach Christus hatte und im 3. Jahrhundert im Manächismus aufging. Die Anfänge der Gnosis lassen sich nicht exakt zurückverfolgen, da Quellen aus der ältesten Zeit nicht erhalten sind. Eines ihrer wesentlichsten Kennzeichen ist somit ihr Synkretismus, d. h. die Verschmelzung unterschiedlicher Traditionen und Vorstellungen zu einer heterogenen Geistesströmung.
Einige der wichtigsten Gnostiker sind *Saturninus* (um 125), *Valentinus* (um 140) und *Marzion* (um 160).

Den Gnostikern ging es um die Frage nach Ursprung und Bestimmung des Menschen und der Welt. Allen gemeinsam ist der Dualismus zwischen Gott (das Gute) und der Materie (das Böse) als Basis ihres Denkens. Der Geist bzw. das (göttliche) Selbst des Menschen ist in Gestalt mannigfaltiger Bindungen an die Welt (Materie) in selbiger gefangen und hat die Rückbindung an seinen Ursprung verloren. Zur Überbrückung dieser Kluft bedarf es der Erlösung entweder mittels eines Erlösers oder in Form der Offenbarung durch das Wort (Erkenntnis). Daraus ergibt sich für eine gnostische Ethik die Forderung nach einer möglichst vollständigen Loslösung des Menschen von der Welt, die sich in strikter Askese ausdrückt.

Die christliche Theologie der ersten Jahrhunderte ist durch die Auseinandersetzung mit der Gnostik (und dem geistesverwandten Neuplatonismus) gekennzeichnet.[23] Dabei sahen sich die Gnostiker nicht selten gegenüber dem kirchlichen Christentum im Bereich der theologischen Reflexion auf einer höheren Stufe der Erkenntnis und setzten sich damit von denen ab, die auf der niedrigeren Stufe des bloßen Glaubens verharrten.

Gnostische Ideen wirken bis in unsere Zeit nach. Es gibt oder gab einige sich ausdrücklich als gnostisch bezeichnende Vereinigungen, so die "katholische gnostische Kirche" mit dem Sitz in Lyon, die "gnostische Tempelbrüderschaft" mit dem Sitz in Herford in Westfalen. Gemeinsam ist diesen und ähnlichen Richtungen die Bedeutung, die sie dem Sexuellen zuerkennen, das für sie z. T. kultische Bedeutung gewinnt und sie damit in die Nähe antiker Mysterienkulte rückt.

Wichtiger als diese mehr oder weniger kuriosen Erscheinungen ist das Fortwirken gnostischer Ideen in der sogenannten "modernen Gnosis". Man meint damit eine Geisteshaltung, die sich vor allem in Vereinigungen wie der Freimaurerloge, den Rosenkreuzern, dem Illuminatenorden, der Martinistenloge und der Anthroposophie artikuliert. Allen gemeinsam ist:

- ein gewisses Pathos der Auserwählung,
- der Glaube an eine immanente sittliche Höherentwicklung der Menschheit, die ein Jenseits überflüssig macht und
- das Bewußtsein, die Welt in einer tieferen Weise zu erkennen als die nicht Erleuchteten (Gnosis!).

Der Dualismus wird i. a. nicht mehr metaphysisch, sondern historisch aufgefaßt: Der Gegensatz von Gut und Böse muß bereits in unserer geschichtlichen Existenzweise im Sinne einer zunehmenden Humanität überwunden werden. Eine der wichtigsten Voraussetzungen dazu ist die Überwindung jedes dogmatischen Denkens, das dieser Weltanschauung zufolge immer zur Intoleranz führt. Intoleranz wird von dieser Seite vor allem dem Christentum, insbesondere katholischer Prägung, vorgeworfen. Das zweite Vatikanische Konzil hat durch die Verwerfung der alten strengen Liturgie eine gewissen Anpassung der katholischen Kirche an solche Ideen bewirkt.

Die Abneigung gegen jedes dogmatische Denken führte zu einem Relativismus, der sich z. B. im Positivismus ein wissenschaftliches Gewand gab. Man vergleiche etwa den vielsagenden Titel eines einschlägigen Werkes "Positivismus – Befreiung vom Dogma"[24]. Mehr gemüts- und emotionsbezogen ist der Relativismus in Form des Existentialismus mit seiner Lehre von der "geschichtlichen Entwicklung der Wahrheit". In dieser Form hielt er auch im Protestantismus durch *Karl Barth* und *Helmuth Thielicke* und im Katholizismus durch *Karl Rahner* und seine Schule siegreichen Einzug.[25] Auch der Rassenmythos Hitlers und Rosenbergs ist eine solche nur scheinbar ganz entgegengesetzte Ausprägung neognostischer Motive. Für die sehr komplexen Zusammenhänge, in die auch der später zu behandelnde deutsche Idealismus einzubeziehen wäre, sei auf das Werk des Schweizer Gelehrten *Hans Urs von Balthasar*[26] verwiesen.

Wegen der Ablehnung klarer Glaubenssätze ist allerdings eine präzise Zuordnung moderner Ideen zu gnostischen Traditionen oft schwierig. Die esoterischen gnostischen Vereinigungen bieten kein konkretes Glaubensbekenntnis, streben aber eine Prägung der Persönlichkeit an, die diese zu gewissen Formen des Denkens und Handeln disponiert: "Worin das Geheimnis der Einweihung besteht, kann nur derjenige verstehen, der selbst diese Einweihung in die höheren Geheimnisse des Daseins bis zu einem gewissen Grade erfahren hat."[27] Die verschiedenen Ausprägungen einer sog. Neognosis verwenden in erheblichem Maße magische Symbole und mystizistische Elemente, wie z. B. Zirkel, Winkelmaß, Maurerkelle und -schurz, der Sarg, der "Cubus Mysticus" mit der apokalyptischen Symbolzahl 666 sowie gewisse Gruß- und Haltungsformen.

Aus Gründen der Aktualität muß an dieser Stelle auch die **New-Age-Bewegung** in Betrachtung gezogen werden, die eindeutig gnostische Züge trägt: Die Präzession der Erdachse ist ein Vorgang mit einer etwa 26 000jährigen Periode. Das heißt, in dieser Zeit durchläuft der Frühlingspunkt, einer der beiden Schnittpunkte von Himmelsäquator und Ekliptik, den ganzen Tierkreis. Seit etwa 2 000 Jahren befindet er sich im Sternbild der Fische, z. Z. ist er an der Grenze zwischen Fischen und Wassermann, wobei das Zeitalter der Fische von dem des Wassermanns abgelöst werden soll. Das wird nun astrologisch interpretiert, indem das Zeitalter der Fische als christliches Zeitalter – Fisch als altes Christussymbol – aufgefaßt wird. "Das kosmische Bewußtseinsfeld des Fischmenschen war engherzig, rational und fanatisch und schlug sich in der Errichtung einer repressiven Gesetzgebung nieder, die Einengung und Frustration brachte. [...] Das Zeitalter des Wassermanns wird ein sehr wesentliches und gleichzeitig auch verwirrendes Zeitalter innerhalb der Menschheitsgeschichte werden, das sich zurück (sic!) zu einem goldenen Zeitalter bewegt. [...] Wassermann – das ist offensichtlich Ungehorsam, Anarchie, Revolution. [...] Gewisse okkulte Geheimnisse bleiben nicht mehr auf eine fanatische Minorität beschränkt, das Okkulte verliert vielmehr seine Geheimnisse. [...] Im Zeitalter des Wassermanns wird die erotische Liebe (als Löwe-Ideal), die im Fische-Zeitalter durch das Jungfrau-Ideal von Repression, Pflicht und Keuschheit abgelehnt und gering geschätzt wurde, große Bedeutung erlangen. [...] Familien- und Paarstrukturen werden nicht länger bestehen, weil Freiheit und Kreativität wesentlich für den Wassermann sind."[28]

Ein wichtiger Begriff der New-Age-Bewegung ist die "Vernetzung" (network). Dieser Begriff, der von der Vordenkerin der New-Age-Bewegung *Marylin Ferguson* stammen dürfte, besagt, daß alle Menschen in ein großes Netz gemeinsamen Fühlens, Wollens und Denkens eingesponnen werden sollen, das kein Zentrum hat, anonym ist und den Menschen, der sich in ihm verfangen hat, nicht mehr entläßt. Diesem Netzwerk sollen sich schon bestehende Gruppierungen einfügen, vor allem die Kirchen, die nur noch Existenzberechtigung haben, wenn sie sich ihm unterordnen.

Das Christentum

"Die edle Einfalt und stille Größe der Ethik Christi ist so weit von einem ethischen System entfernt, wie das schlichte Leben selbst von der Problematik jeder Philosophie, wie Poesie von wissenschaftlicher Prosa. Neues Leben ist ihr Sinn."[29] Wesensmerkmale einer Religion sind Dogma, Ethik und Kult. Insbesondere sind sich im Christentum Ethik und Glaubenslehre so wesentlich zugeordnet, daß die eine nicht ohne die andere existieren und interpretiert werden kann. Das Christentum bietet eine universale Weltsicht, indem es die Weltgeschichte als Heilsgeschichte auffaßt. Die frühchristlichen Theologen prägten den Begriff der οἰκονομία θεοῦ (oikonomia theou), des großen Haushaltsplanes Gottes, dem die Geschichte unterworfen ist, auch wenn die Beteiligten, nämlich die Menschen, seiner Ausführung widerstreben.

Christentum und Heilsgeschichte

"Am Anfang schuf Gott Himmel und Erde." Der jüdisch-christliche Schöpfungsbegriff ist der der "creatio ex nihilo", der Schöpfung aus dem Nichts, der außerhalb der jüdisch-christlichen Tradition keine Entsprechung hat. (Bei Platon findet der Demiurg die Materie vor, die er gestaltet. Auch bei Aristoteles ist die Annahme einer "creatio ex nihilo" nicht belegbar, wiewohl einige Forscher die aristotelische Metaphysik in diesem Sinne interpretieren wollten.) Die Erschaffung des "Himmels" wurde vom Christentum interpretiert als die Schöpfung einer Welt reiner Geister (Engel), die zur Anschauung Gottes und damit zu ewiger Glückseligkeit berufen waren. Gott wollte jedoch ihr Glück von ihrer eigenen freien Entscheidung abhängig machen. Ein Teil der Engel entschied sich gegen Gott; diese aufständischen Engel wurden vom Erzengel Michael, dem Anführer der treu gebliebenen Engel, gestürzt. Die abgefallenen Engel nennt man Teufel oder Dämonen (διάβολος, diabolos: Durcheinanderwerfer). Ihre Tätigkeit besteht vorwiegend im Verwirren. Die spätere Theologie *(Pseudodionysius* um 500, beeinflußt durch den Neuplatoniker *Proklus)* teilte die Engel- und Teufelswelt in je neun Chöre. Bis heute bietet die Welt der guten und noch mehr der bösen Geister der Phantasie reiche Nahrung. Der Teufel ist "der Geist, der stets verneint"[30]. Gelegentlich erscheint er auch als Anreger:

> "Des Menschen Tätigkeit kann allzu leicht erschlaffen,
> Er liebt sich bald die unbedingte Ruh.
> Drum geb ich gern ihm den Gesellen zu,
> Der reizt und wirkt und muß als Teufel schaffen."[31]

In Goethes Faustdichtung, aus der diese Zitate stammen, tritt der Teufel (Mephistopheles) im übrigen eher als Verneiner denn als Anreger auf. Und selbst wo er anregt, sind seine Werke nicht von Bestand, so bei den finanzpolitischen Manipulationen, mit denen er die Finanzmisere des Kaisers überwindet, so bei der Kulturarbeit im letzten Akt. Das entspricht dem Volksglauben: Wenn es einem Teufelsbündler gelingt, sich aus dem hölligen Bund zu lösen, rettet er zwar seine Seele, verliert aber alles, was er durch diesen Bund gewonnen hatte.[32] In der modernen Gnosis ist Satan Anreger und Befreier, z. B. für den italienischen Freimaurer und Nobelpreisträger *Giosué Carducci:*

> "O Satana, o ribellione,
> O forza vindice della ragione!"
> *("O Satan, o Widersacher,*
> *o rächende Kraft der Vernunft!")* [33]

Den Abschluß des Schöpfungswerkes bildet die Erschaffung des Menschen, der gleich den Engeln ein Geistwesen ist, bei dem jedoch der Geist an einen Körper gebunden ist. Auch die Menschen sollten sich Gott in freier Entscheidung zuwenden, doch bestand das erste Menschenpaar die ihm auferlegte Prüfung nicht und fiel deshalb aus einem Zustand relativer Vollkommenheit im Paradies in die Existenzweise, in der wir uns jetzt befinden. Der Mensch verlor dadurch die Fähigkeit, sich von sich aus zu Gott zu erheben. Diesen ererbten Zustand der Ungnade vor Gott, der Unwissenheit, Sterblichkeit und Begierde zur Folge hat, nennt die Theologie **Erbsünde** (peccatum originale). Sie ist keine persönliche Sünde, schließt aber die Disposition zum Schlechten ein. Der Mensch ist in christlicher Sicht von Natur aus gut, doch durch die Erbsünde zum Bösen disponiert. Im Gegensatz zu den gefallenen Engeln hat der Mensch wegen seiner zeitlichen Existenzweise die Möglichkeit, sich wieder zu Gott zu erheben, allerdings nicht aus eigener Kraft, sondern nur durch die Gnade Gottes. Die Erbsündenlehre ist der Schlüssel zur christlichen Geschichtsauffassung. Moderne naturwissenschaftliche Ergebnisse kann sich das Christentum assimilieren; eine Entmythologisierung in diesem Punkte aber würde es als Religion zerstören.

Gleichzeitig mit Vertreibung und Verfluchung des ersten Menschenpaares gab Gott die Verheißung einer späteren Erlösung, die sog. **Uroffenbarung.**

Weitere Stationen der Heilsgeschichte sind: die Verheißung an Abraham und der Bund mit ihm. Abraham (ca. 2000 v. Chr.) war lange Zeit kinderlos. Gott verhieß ihm Nachkommen, "so zahlreich wie die Sterne". Alle Völker sollten durch Abrahams Nachkommenschaft gesegnet sein. Aufgrund dieses Bundes verstanden sich die Nachkommen Abrahams, die Israeliten (nach Abrahams Enkel Jakob mit dem Beinamen Israel), als Volk Gottes. Eine unbestreitbare Kulturleistung dieses Volkes ist die Erhaltung des **Monotheismus** (Eingottglaubens)[34] durch die Jahrtausende hindurch inmitten einer heidnischen Umwelt.

Moses, der das Volk der Israeliten aus der ägyptischen Knechtschaft in das gelobte Land, das ungefähr dem heutigen Israel entspricht, führte, gab dem Volk das Gesetz, das u. a. die zehn Gebote, den sog. **Dekalog,** enthält, der bis heute die Grundlage der christlichen Ethik ist:

1. Du sollst keine fremden Götter neben mir haben.
2. Du sollst den Namen Gottes nicht verunehren.
3. Du sollst den Sabbath heiligen.
4. Du sollst Vater und Mutter ehren, damit du lange lebest in dem Lande, das dein Herr und Gott dir geben wird.
5. Du sollst nicht töten.
6. Du sollst nicht ehebrechen.
7. Du sollst nicht stehlen.
8. Du sollst kein falsches Zeugnis geben wider deinen Nächsten.
9. Du sollst nicht begehren deines Nächsten Weib.[35]
10. Du sollst nicht begehren deines Nächsten Hab und Gut.

Das erste Gebot impliziert auch das Verbot der Bilderherstellung, das seit dem 16. Jahrhundert von einigen reformatorischen Denominationen als eigenes Gebot gezählt wird. Damit die Zehnzahl erhalten bleibt, werden dann neuntes und zehntes Gebot zusammengelegt. Keinen eigentlich ethischen Charakter hat das dritte Gebot. Bemerkenswert ist es jedoch durch die Festlegung der Siebentagewoche, die heute allgemein akzeptiert ist, da sie offenbar dem menschlichen Rhythmus am besten entspricht. Ein Versuch, sie durch einen Zehntagerhythmus (Dekaden) zu ersetzen, der während der Zeit der Französischen Revolution in Frankreich durchgeführt wurde, hat sich nicht bewährt. Zu beachten sind schließlich die Ansätze zu einer **Gesinnungsethik**, die im neunten und zehnten Gebot zum Ausdruck kommen. Diese beiden Gebote bedeuten eine Verinnerlichung des sechsten und siebten Gebotes: Verwerflich sind nicht nur die Taten, sondern schon die Gesinnungen, die zu ihnen führen. Eine solche Verinnerlichung bedeuten schließlich auch die Gebote der Gottes- und der Nächstenliebe (Deut. 6,5; Lev. 19,18). Doch verloren sich diese Ansätze zur Innerlichkeit mehr und mehr und machten einer Haltung Platz, die sich schon allein in der pedantischen Erfüllung der äußeren Gesetzesvorschriften vor Gott gerechtfertigt sah. Der Kampf gegen diese Werkgerechtigkeit war ein wesentlicher Teil des Wirkens Christi.

Die Geschichte des jüdischen Volkes bis zur schließlichen Zerstörung des (seit ca. 900 geteilten) Staates verlief selten friedlich, wie vor allem unter dem großen Friedenskönig *Salomon* (10. Jh.). Immer wieder traten Propheten auf, die zur Treue gegenüber dem Gottesbund mahnten, den Abfall tadelten und Voraussagen über die künftige Erlösung gaben. Der wohl größte unter ihnen ist *Isaias* (8. Jh.), der einen von einer Jungfrau geborenen Friedensfürsten prophezeite, unter dessen Herrschaft "Kalb, Löwe, Schaf beisammen wohnen" (Isaias 11,6) werden. Die Idee eines solchen Friedensreiches entspricht einem alten Menschheitstraum und findet sich mit fast wörtlichen Anklängen an Isaias z. B. bei dem römischen Dichter *Vergil* wieder: Es wird "nicht fürchten das Rind den gewaltigen Löwen" (4. Idylle). Von den Juden wurden solche Verheißungen politisch im Sinne einer Befriedigung der Menschheit unter jüdischer Führung aufgefaßt.

Die entscheidende Wende brachte nach christlicher Auffassung Jesus, genannt Christus (der Gesalbte), durch sein Leben, seine Lehre und seinen Opfertod. Er ist nach biblischem Bericht und christlicher Lehre Sohn der Jungfrau Maria aus dem Heiligen Geist, dem Leibe nach wahrer Mensch, als Sohn Gottes aber ebenso wahrer Gott. Das Neue Testament[36] bereichert den israelischen Monotheismus, der als solcher beibehalten wird, durch die Dreifaltigkeitslehre: Gott ist dem Wesen nach einer, aber dreifach in der Person: Vater, Sohn (Logos), Heiliger Geist. Dieser **trinitarische Gottesbegriff** ist zwar durch zahlreiche biblische Stellen begründet, bedurfte jedoch zu seiner begrifflichen Präzisierung und Entwicklung noch einer jahrhundertelangen theologischen Forschung und Entfaltung. Insbesondere ist die Interpretation mit Hilfe des Personenbegriffes nachbiblisch. Eine Philosophie der Person entwickelte sich Hand in Hand mit der theologischen Spekulation, vor allem durch *Tertullian* (3. Jh.) und *Aurelius Augustinus* (354–430).

Die Idee der Nachfolge Christi

Setzt nun z. B. die platonische Ethik ein Erfassen der platonischen Erkenntnis- und Seinslehre voraus, so ermöglichst die historische Menschwerdung des göttlichen Logos ein Leben in der Wahrheit auch ohne Philosophie, einfach durch die Nachfolge Christi, wie sie vor allem die drei synoptischen Evangelien (Matthäus, Markus, Lukas) lehren. Einfache Verhaltensregeln (Bergpredigt), unterstützt durch Beispiele und Gleichnisse, ermöglichen auch dem "Armen im Geiste" die Nachfolge Christi und damit die Sinnerfüllung des Lebens. Letzte Begründung für das ethische Handeln ist die Liebe als **Gottes-** und **Nächstenliebe.** Beide

Formen der Liebe sind an sich bereits im Alten Testament gefordert: "Liebe den Herrn, deinen Gott, mit ganzem Herzen, mit ganzer Seele und mit all deiner Kraft" (Deut. 6,5) und "Liebe deinen Nächsten wie dich selbst." (Lukas 10,25)

Christus faßt beide Gebote in eins zusammen und betont die grundlegende Funktion dieses Liebesgebotes: "An diesen zwei Geboten hangen das Gesetz und die Propheten." (Matth. 22,37) Markus überliefert noch den Zusatz: "Ein wichtigeres Gebot als dieses gibt es nicht." (Mark. 12,31) Und bei Lukas schließt sich die Erzählung vom barmherzigen Samariter an, in der Christus nicht mit theoretischen Erörterungen auf die Frage antwortet, wer nun eigentlich der Nächste ist, sondern mit einer konkreten Handlungsanweisung: Es ist der Mensch, der uns in diesem Augenblick begegnet, der in diesem Augenblick unserer Hilfe bedarf. (Lukas 10,25) Das Gleichnis berichtet von einem Mann, der "von Jerusalem nach Jericho" ging, von Räubern überfallen, mißhandelt und schließlich halbtot liegengelassen wurde. Ein Priester und ein Levit gingen vorüber und ließen ihn ohne Hilfeleistung liegen. Nur ein Samariter sorgte sich um ihn, wusch seine Wunden mit Öl und Wein aus, brachte ihn in eine Herberge und bezahlte sogar noch im voraus die Aufwendungen des Wirtes. Allein der Samariter – das ist das Resumee Christi – hat als Nächster gehandelt und darf uns zum Vorbild dienen. Die Bewohner von Samaria waren in der damaligen Zeit von den Juden verachtet, wodurch der Gegensatz von hilfsbereiter Menschlichkeit und lieblosem Egoismus besonders pointiert erscheint. Vor allem mußte dieses Gleichnis auf Priester und Schriftgelehrte aufreizend wirken. Christus ist gegen Sünder, die bereuen, nachsichtig; er verzeiht seinen Feinden. Doch wozu er immer wieder auffordert, ist die klare Entscheidung für oder gegen ihn. Hier gibt es keine Neutralität: "Wer mich vor den Menschen bekennt, den wird auch der Menschensohn vor den Engeln Gottes bekennen. Wer mich aber vor den Menschen verleugnet, der wird auch vor den Engeln Gottes verleugnet werden." (Lukas 12,8)

Die Nachfolge Christi gipfelt also im Bekenntnis Christi, das unbedingt verpflichtet. Diese Verpflichtung besteht auch in Verfolgungszeiten. Auch zur Tarnung ist die Verleugnung des Glaubens nicht zulässig. Doch gilt umgekehrt: "Nicht jeder, der mich 'Herr, Herr' anredet, wird in das Himmelreich eingehen, sondern nur, wer den Willen meines Vaters tut, der im Himmel ist." (Matth. 7,21) Bedingungslose Annahme der ganzen geoffenbarten Wahrheit und Befolgung der Gebote, vor allem der ethischen Gebote, sind mit der wahren Nachfolge Christi notwendig verbunden.

Der Lohn für ein Leben in der Wahrheit ist der Himmel, der Inbegriff des Glükkes in der Schau Gottes und in der Vereinigung mit allen Heiligen, ein Glückszustand ohne Ende und ohne Gefahr des Verlustes. Im Sinne Kants wäre deshalb auch die christliche Ethik als materiale Ethik zu bezeichnen. Paulus führt im "Hohelied der Liebe" (1. Kor. 13) die drei "göttlichen Tugenden" ein: Glaube, Hoffnung und Liebe, die als religiöse Grundtugenden den vier der natürlichen Ethik angehörenden Kardinalstugenden (Weisheit, Tapferkeit, Mäßigkeit und Gerechtigkeit) an die Seite gestellt werden. Das eigentliche Motiv christlichen Handelns muß die Liebe sein, die ihrerseits Glauben und Hoffnung gleichzeitig ermöglicht und voraussetzt.

Das Thema der Liebe greift das Johannesevangelium, das als letztes der vier Evangelien entstanden ist, auf. Dieses begründet in mehr reflektierender Weise den Anspruch des Mensch gewordenen göttlichen Logos auf Gehorsam und Nachfolge, da er nicht nur in der Lage ist, Wahrheit, Liebe und Leben zu vermitteln, sondern Wahrheit, Liebe, Leben selbst ist, so daß jeder, der außerhalb seiner Nachfolge steht, auch außerhalb der Wahrheit und außerhalb der Liebesgemeinschaft steht. Christus selbst bezeichnete sich als den "Weg, die Wahrheit und das Leben" (Joh. 14,6). Deshalb konnte man später durchaus im Sinne des Evangeliums die These aufstellen, daß auch der einfältigste Mensch, der an Gott glaubt, mehr von der Welt wisse als der größte ungläubige Gelehrte.

Es wurde schon berichtet, daß man auch innerhalb der christlichen und besonders der katholischen Morallehre zwischen natürlicher Ethik und Offenbarungsethik unterscheidet. Die natürliche Ethik, die auf den vier Kardinaltugenden Weisheit, Tapferkeit, Mäßigkeit und Gerechtigkeit aufbaut, ist jedem zugänglich, und jeder Mensch ist zu ihrer Beachtung verpflichtet. Die übrigen Tugenden sind diesen nachgeordnet, z. B. die Tugend des Gehorsams der Tugend der Gerechtigkeit gemäß dem Grundsatz: "Suum cuique", der nicht nur Geltung in bezug auf die Verteilung des Eigentums hat, sondern auch in bezug auf Pflichten und Aufgaben. Die übernatürlichen Tugenden Glauben, Hoffnung und Liebe sind nur mittels der göttlichen Gnade erreichbar und gipfeln in der Liebe. Liebe erreicht ihre Wahrheit in der doppelten Dimension als Gottes- und Nächstenliebe: Nächstenliebe allein bleibt ohne verbindlichen Grund, Gottesliebe allein ohne Bewährung. Wahrheit setzt beides voraus, so daß Liebe nur in ihrer doppelten Dimension zur Wahrheit kommt, die jedoch im Glauben vorweggenommen ist. Einen Zwiespalt zwischen Liebe und Glauben kann es deshalb für den Christen nicht geben; das Festhalten selbst an Dogmen, deren Bedeutung dem Außenstehenden nicht einsichtig ist, wurde deshalb nie als Verstoß gegen die Liebe aufgefaßt. Zwischen

Glauben und Liebe vermittelt die Hoffnung, das unbedingte Vertrauen, daß die Liebe in ihrer absoluten Einheit in der Wahrheit, die Gott ist, zur Vollendung kommt. Der Glaube ist dann aufgehoben in der Unmittelbarkeit der Wahrheit, die deren unverlierbaren Besitz einschließt, im Schauen Gottes "von Angesicht zu Angesicht"[37].

Einige markante Gesichtspunkte christlicher Ethik

Schon im Johannesevangelium und noch mehr in den Paulinischen Briefen findet sich die Tendenz zur spekulativen Durchdringung der Offenbarungswahrheiten. Später entwickelte sich die katholische Theologie zu einem imposanten Lehrgebäude. Der erste bedeutende Theologe der nachapostolischen Zeit war im frühen zweiten Jahrhundert *Justin, der Märtyrer.* Er war in den alten Philosophien unterrichtet und wollte den Nachweis erbringen, daß die Wahrheiten des Christentums samenförmig (vgl. Stoa) bereits in jenen enthalten seien. Den nachhaltigsten Einfluß auf die Entwicklung der Lehre bis in unsere Zeit hatten der schon genannte Nordafrikaner *Aurelius Augustinus* (354–430) und der Italiener *Thomas von Aquin* (1225–1274), dessen Werk im 19. Jahrhundert von der katholischen Kirche zur Grundlage der christlichen Philosophie erklärt wurde. Er gilt als der bedeutendste Systematiker des Mittelalters. In bezug auf das theologische System des letzteren sagte Friedrich Wilhelm Hegel, der weder Katholik noch Bekenntnischrist war, es gebe zwei exakte Wissenschaften: die Mathematik und die Theologie Thomas von Aquins. Natürlich wurde in die Systematisierung auch die Ethik einbezogen. Dazu griff man nach dem Vorbild Justins Motive und Begriffe der alten Philosophie auf. Da die Weltgeschichte in christlicher Sicht die gewaltige Auseinandersetzung des Guten und des Bösen ist, widmete man sich der Frage nach dem **Wesen des Bösen.** Da sich der Mensch zwischen gut und böse zu entscheiden hat, setzte man Reflexionen alter Philosophen, z. B. Platons, fort, wie es möglich sei, daß sich der Mensch auch für das Böse entscheiden könne. Zahlreich sind die Schriften alter und mittelalterlicher Theologen mit dem Titel "De libero arbitrio", d. h. "Von der Willensfreiheit". Die **Freiheitslehre** spielt für die christliche Ethik eine grundlegende Rolle. Erst in unserer Zeit sind christliche **Ehe- und Sexualethik** vielen Menschen fremd geworden; ebenfalls erst in unseren Tagen wurden **Todesstrafe** und **Wehrdienst** zu Streitpunkten. Schließlich hängt auch die **Staatslehre** eng mit der Ethik zusammen; hat doch schon Christus Weisungen über das Verhalten gegenüber der Obrigkeit erteilt.

Das Gute und das Böse – die Freiheit

Im ersten Kapitel der Genesis wird von der Erschaffung der Welt berichtet. Zum Schluß (Vers 25) heißt es: "Und Gott sah, daß es gut war." Diese biblische Feststellung findet durchaus in der antiken Philosophie ihre Entsprechung. Wir haben gesehen, daß für Platon das wahre Sein, das das Sein der Ideen ist, gleichzeitig das Gute schlechthin ist; das Böse ist für ihn Abfall vom wahren Sein. Auch für Aristoteles ist das Sein als solches gut. Aufbauend auf der Aristotelischen Philosophie hat man dann im Mittelalter das Gutsein neben dem Wahr- und Schönsein unter die allgemeinsten Seinsbestimmungen (Transzendentalien) aufgenommen. In der Tat ist es undenkbar, daß der unendliche Gott der Urheber des Bösen ist. Hier half auch weder die stoische Lehre, daß das Gute zu seiner Existenz nun einmal das Böse voraussetze, noch ihre sehr viel spätere Weiterbildung durch *Gottfried Wilhelm Leibniz* (1646–1716), wonach die Vollkommenheit der besten aller Welten nicht ohne das Übel bestehen könne. Solche Hypothesen haben mehr den Charakter der Ausflucht für den Verstand angesichts des Nicht-Verstehbaren, des "mysterium iniquitatis" ("Geheimnis des Bösen"), wie es in der christlichen Tradition auch genannt wird.

Eine kompetente Interpretation des Bösen, die Gemeingut christlicher Weltanschauungen bis in unsere Zeit geblieben ist, hat *Aurelius Augustinus* gegeben: Gott hat sich selbst als der schlechthin Seiende geoffenbart, als der "Ich bin, der ich bin"[38]. Als der schlechthin Seiende ist er der unbedingt Gute. Alles, was ist, ist von ihm ins Sein gerufen worden; deshalb ist alles, was ist, gut, aber nicht absolut, sondern bedingt gut, insofern es auf ihn hingeordnet ist. Dem Bösen als solchem kommt kein Sein zu. Das Böse ist Defekt am Sein, der auf die Verkehrtheit des Willens zurückgeht. Die gefallenen Engel waren an sich gut, und insofern sie sind, sind sie auch jetzt noch gut; schlecht sind sie aber per accidens, weil sie sich selbst mehr geliebt haben als das höchste Gut (Gott). Ursache des Bösen ist also die Verkehrtheit des Willens. Auch die Menschen wollen notwendig das Gute, aber sie können das niedere Gute dem höheren Gut vorziehen. So ist z. B. die persönliche Ehre ein Gut; wer aber seine Ehre (im ungeordneten Ehrgeiz) der Gerechtigkeit vorzieht, versündigt sich dadurch gegen die rechte Seinsordnung. So ist jede Sünde gleichzeitig eine Sünde gegen die Wahrheit des Seins.

Nun hätte es aber keinen Sinn, von Bösem, Sünde und Schuld zu sprechen, wenn es nicht die **Verantwortlichkeit der Person** gäbe (Imputabilität). Die Person hat die **Freiheit,** zwischen dem höheren und dem niedrigeren Gut zu wählen, d. h.

sich für das Gute oder das Böse zu entscheiden. Durch diese Freiheit seines Willens ist der Mensch für sein Tun verantwortlich. Die Verantwortlichkeit setzt ein Du voraus, dem man verantwortlich ist und gegebenenfalls Rechenschaft ablegen muß. Das ist das eigene Gewissen, die sittliche Umwelt und, als letzter Grund jeder Verantwortlichkeit, Gott.

In der Willensfreiheit wird die Person zur sittlichen Ursache ihrer Handlungen. Daß die Person selbst durch vielerlei Gesichtspunkte motiviert wird, wird nicht geleugnet. Das sittliche Handeln ist aus dieser Sicht kein ursachenloses Handeln. Ausgeschlossen allerdings ist die eindeutige Determiniertheit des Handelns, dem eine umkehrbar eindeutige Ursache-Wirkung-Relation zugrunde liegt. Das ist die Kausalitätsauffassung des Rationalismus und der auf Newton aufbauenden Physik, die auch vom Standpunkt der modernen Physik her nicht haltbar ist. Die Freiheit hat bekanntlich viele Aspekte. Durch die Notwendigkeit, die Verantwortlichkeit des Menschen zu begründen, war es vor allem die Wahlfreiheit, das "liberum arbitrium", um deren Klärung sich die großen christlichen Ethiker zu allen Zeiten bemüht haben.

Ehe- und Sexualmoral

Aufgrund eines historisch bedingten Wertewandels ist die christliche Ehe- und Sexualethik, die früher ohne besondere Einwände hingenommen, wenn auch oft nicht befolgt wurde, vielen Menschen zum Problem oder auch zum Ärgernis geworden. Danach ist jede außereheliche sexuelle Betätigung Unzucht und soll unter Christen "nicht einmal genannt werden" (Eph. 5,3). Eine einmal eingegangene Ehe wird nur durch den Tod eines Partners geschieden.[39] Zwar ist in extremen Fällen, z. B. bei Gefährdung des Lebens durch einen verbrecherischen oder geistesgestörten Partner, eine "Trennung von Tisch und Bett" möglich. Die Wiederverheiratung eines Partners zu Lebzeiten des anderen gilt jedoch als Ehebruch und schließt aus der sakramentalen Gemeinschaft aus. Primärer Ehezweck ist die Erzeugung von Nachkommenschaft, sekundäre Ehezwecke sind gegenseitiger Beistand und die Befriedigung der Begierde. Daß die Liebe zwischen Mann und Frau für sich ein Wert ist, wird zwar an mehreren Stellen des Neuen Testamentes angedeutet (Eph. 5, 25–27), ist aber ein Gesichtspunkt, der in der Tradition zu kurz gekommen und erst in unserer Zeit neu betont worden ist, vor allem durch den katholischen Ethiker *Dietrich von Hildebrand*[40]. Wird Nachkommenschaft ausgeschlossen, so gilt nach katholischer Auffassung die Ehe als nichtig. Jede aktive Manipulation des Zeugungsaktes ist schwer schuldhaft, nicht jedoch die eheliche Enthaltsamkeit, auch nicht die periodische Enthaltsamkeit (nach Knaus-Ogino). Die protestantische Auffassung gesteht, gemäß dem Prinzip der Gewissensfreiheit, dem einzelnen einen größeren Entscheidungsspielraum zu. In bezug auf die Wiederverheiratung Geschiedener ist die protestantische Praxis nicht einheitlich.

Todesstrafe und Wehrdienst

Ein anderer erst in unserer Zeit strittig gewordener Punkt ist die Haltung zu Todesstrafe und Wehrdienst. Das fünfte Gebot "Du sollst nicht töten" kennt in der traditionellen Auffassung, die bis in die früheste christliche Zeit nachweisbar ist, drei Ausnahmen: Selbstverteidigung, Wehrdienst und Tötung gerichtlich verurteilter Verbrecher.

Selbstverteidigung ist nach allgemeiner Auffassung bei einem ungerechten Angriff auf Leib und Leben zulässig. Für sie gilt, auch nach weltlichem Recht, das Prinzip der Verhältnismäßigkeit: Die Selbstverteidigung darf nicht weiter gehen, als zur Abwehr des Angriffes erforderlich ist. Selbstverständlich muß man auch ungerechte Angriffe auf andere abwehren, vor allem auf Menschen, deren Obsorge einem anvertraut ist, z. B. auf die eigenen Kinder.

Der **Wehrdienst** gilt als Erweiterung des Rechts auf Selbstverteidigung, um einen Angriff auf die Heimat, das Vaterland, den Staat abwehren zu können. Problematisch wird dies in zweierlei Hinsicht: zum einen dann, wenn es sich um einen ungerechten Krieg (wie unter Hitler) handelt. Hier galt bisher der Grundsatz, daß der einzelne nicht zur Prüfung der Rechtmäßigkeit verpflichtet werden kann, die ihm in vielen Fällen gar nicht möglich ist. Die Verantwortung haben in diesen Fällen die Regierenden. Unter dem Eindruck der Hitlerschen Verbrechen ist allerdings auch hier ein gewisser Wandel eingetreten und die Eigenverantwortlichkeit des einzelnen mehr in den Vordergrund gerückt. Zum anderen wird es immer fragwürdiger, die Maßstäbe der auf Cicero zurückgehenden und von Augustinus übernommenen Lehren vom "gerechten Krieg" angesichts der modernen Massenvernichtungswaffen auf die heutige Zeit zu übertragen. Zwar sind sich die christlichen Kirchen in der Verwerfung des Einsatzes von Nuklearwaffen als sittlich unerlaubter Handlung einig, umstritten ist hingegen, ob nicht schon allein die Existenz dieser Waffen als Mittel der Abschreckung moralisch nicht mehr vertretbar ist. Die im Zuge dessen auf breiter gesellschaftlicher Ebene diskutierte Frage der Wehrdienstverweigerung führte dazu, daß auch immer mehr praktizierende Christen aus Gewissensgründen den Wehrdienst ablehnen. Einer der prominentesten Vertreter dieser Minderheit ist der Dichter *Reinhold Schneider* (1905–1958). In seinem Drama "Der große Verzicht" schildert er am Beispiel Papst Cölestins V. den Konflikt zwischen christlich-evangelischer Lebenshaltung und Machtausübung.

Die Berechtigung der **Todesstrafe**, das heißt die Tötung gesetzlich verurteilter Verbrecher, ist im Alten Testament wiederholt zugestanden, im Neuen stillschweigend geduldet. Auch die Verhängung der Todesstrafe wurde mit dem Recht auf Notwehr begründet, in diesem Falle der Notwehr der Gesellschaft gegenüber Kapitalverbrechern. In Zeiten, in denen die Unschädlichmachung von Verbrechern anders schwer möglich war, wurde sie auch für geringere Delikte, wie Raub und teilweise sogar Diebstahl, verhängt. Sie ist heute, so weit sie überhaupt noch besteht, nur noch für Mord vorgesehen.
Grundsätzlich angefochten wurde die Todesstrafe zum erstenmal durch *Cesare Beccaria* (1738–1794) im 18. Jahrhundert.[41] Schon 1923 legte *Gustav Radbruch* (1878–1949), positivistischer Rechtsphilosoph und damals sozialdemokratischer Justizminister im Kabinett Stresemann, den Entwurf eines neuen Strafgesetzbuches vor, in dem die Abschaffung der Todesstrafe vorgesehen war.
Gegen die Todesstrafe werden vor allem zwei Argumente vorgebracht: Das eine betrifft die Möglichkeit eines nicht gut zu machenden Justizirrtums. Das Hauptargument jedoch ist die Ablehnung des Sühnemomentes als Motivs der Strafgesetzgebung. Die klassischen Strafmotive sind Sühne, Abschreckung und Besserung. Nach biblischer Lehre und christlicher Auffassung hat Christus zur Sühne für die Sünden der Welt Leiden und Tod erduldet. Eine Zeit, die den metaphysischen Sinn der Sühne nicht mehr anerkennt, kann auch mit Sühne als Motiv für die Strafgesetzgebung nichts mehr anfangen.[42]
Im Zuge der vom letzten Konzil in die Wege geleiteten Anpassung der katholischen Kirche an die moderne Welt, an moderne Wertungen und Ideologien, wird der Sühnecharakter des Todes Christi zum Teil geleugnet.[43] Es ist nur konsequent, wenn von modernen Theologen der Sühnebegriff ganz abgelehnt wird und z. B. das Sakrament der Buße (Beichte) als ein symbolischer Akt der Resozialisierung, der Wiedereingliederung in die Gemeinschaft, ersetzt wird.[44] Folgerichtig ist dann auch die Todesstrafe abzulehnen.

Christliche Staatslehre

Im Neuen Testament wird die Staatsgewalt, auch die kirchenfeindliche Staatsgewalt, ausdrücklich anerkannt: "Gebet dem Kaiser, was des Kaisers ist, und Gott, was Gottes ist." (Matth. 22,15) "Du hättest keine Macht über mich, wenn sie dir nicht von oben gegeben wäre." (Christus zu Pilatus; Joh. 19,11) "Jedermann sei der obrigkeitlichen Gewalt untertan." (Röm. 13,11) Freilich gibt es absoluten Gehorsam nur gegenüber Gott und (als Glaubensgehorsam) wenigstens für den Katholiken gegenüber dem unfehlbaren Lehramt der Kirche. Im übrigen sind dem Gehorsam Grenzen gesetzt durch das Gebot Gottes, das im Gewissen verankert zu sein hat. Unmoralischen Gesetzen oder Weisungen darf man nicht gehorchen, im Gegenteil, man muß ihnen, wenn es nicht anders geht, notfalls auch durch den Einsatz des eigenen Lebens, Widerstand leisten.

Der Staat findet "seine Rechtfertigung und seinen Zweck, indem er sich in die Dienste der jenseitigen und der universalen Ideen stellt, und die Praxis der mittelalterlichen Politik hat zuweilen in hohem Grade dieser Forderung entsprochen"[45]. *Thomas von Aquin* legt seiner Staatslehre die Idee der "societas perfecta" zugrunde, von der der Historiker Schnabel feststellt, daß sie "den tatsächlichen Verhältnissen des mittelalterlichen Lebens in weitgehendem Maße entsprochen"[46] habe.

Der Zweck des Staates ist das Gemeinwohl, daß dieser sowohl nach außen wie nach innen wahrzunehmen hat. A. Scharnagl gibt drei Aufgaben des Staates an: Schutz nach außen, Sicherheit und Ordnung im Inneren, Pflege von Wohlfahrt und Kultur.[47] Nach Jakob Fellermeier ist der Staat in christlicher Sicht "die umfassendste und höchste Gesellschaftsform innerhalb der natürlichen Ordnung"[48]. Neben und über ihm steht aber als Gesellschaftsform göttlichen Rechts die Kirche: "Der Rangordnung nach stehen die Gemeinschaftswerte der Kirche über den Gemeinschaftswerten des Staates."[49] Der Staat ist seinem metaphysischen Sinn nach der Kirche nachgeordnet, auf keinen Fall also, wie für Hegel, "der wirkliche Gott" oder "der präsente Gott". Der Staat ist nach dem natürlichen Gesetz zu ordnen. Wenn das Staatsvolk überwiegend christlich ist, hat auch der Staat selbst christlich zu sein, d. h. er muß "in seinen Einrichtungen und Gesetzen vom Geiste des Christentums durchdrungen sein und dadurch die christliche Religion schützen und fördern"[50]. Erst Paul VI. rückte im Gefolge des 2. Vatikanischen Konzils von dieser im vorstehenden kurz skizzierten christlichen Staatsauffassung ab, indem er den Staat als "berechtigt profan"[51] bezeichnete.

Dieser Wandel geht nicht zuletzt auf die Wirkung der besonders vom Liberalismus geförderten Auffassung zurück, die den Einfluß der christlichen Kirchen aus dem öffentlichen Leben verbannt wissen will und zur Trennung von Kirche und Staat geführt hat. Sie wurde zum erstenmal in der englischen Kolonie Rhode Island 1636 durchgeführt und dann v. a. in der Verfassung der USA von 1787 festgeschrieben. Die katholische Kirche bekämpfte diese Trennung immer aufs schärfste. Die Haltung der anderen christlichen Denominationen war im wesentlichen die gleiche, wenn auch nicht immer gleich entschieden. Besonders bekannt wurde der Kampf der Kirche gegen die einschlägigen Gesetze in Frankreich, die dort 1905 zu einer völligen Trennung von Staat und Kirche geführt haben.

Da Grundlage und Ziel aller politischen Ordnung die sittliche und religiöse Ordnung ist, ist für den Christen jede Regierungsform gut, die eben in diesem Sinne wirkt, jede Regierungsform schlecht, die diese Ordnung zerstört. Die der christlichen Auffassung am meisten entsprechende Regierungsform war immer die Monarchie. Die monarchische Verfassung von Staat und Kirche spiegelt am besten das Verhältnis von Gott und Welt wider, gemäß dem Prinzip der "similitudo in dissimilitudine", der Ähnlichkeit in der Unähnlichkeit, das in der katholischen Philosophie als Analogieprinzip eine große Rolle spielt, aber von protestantischen Denkern meist abgelehnt wird.[52] Für jede solche Analogie zwischen Menschlichem und Göttlichem gilt, daß es keine Ähnlichkeit gibt, bei der die Unähnlichkeit nicht größer wäre als die Ähnlichkeit, doch wiederholt sich das autoritative Verhältnis in jeder menschlichen Gesellschaft, nicht zuletzt in der Familie (vgl. Eph. 5,23). Von einer solchen Sicht her wurde auch die ständische Gesellschaft im Mittelalter hingenommen und ihre Berechtigung nicht in Frage gestellt. Selbst für *Martin Luther* war sie noch eine gottgewollte Gegebenheit, obwohl die Unterdrückung des Bauernstandes, die 1524/1525 zu den Bauernkriegen führte, diese Ordnung bereits problematisch gemacht hatte.

Da der Staat nicht Selbstzweck ist, darf er nur insoweit eingreifen, als kleinere Gemeinschaften zur Lösung ihrer Probleme nicht selbst in der Lage sind. Diesen Grundsatz bezeichnet man als das **Subsidiaritätsprinzip**, welches besagt, daß die jeweils höhere Gemeinschaft nur dann aktiv werden darf, wo die jeweils kleinere Gemeinschaft versagt. So liegt beispielsweise das Recht auf Kindererziehung bei den Eltern (Elternrecht), und nur wo die Eltern selbst überfordert wären, darf der Staat eingreifen, etwa mit der Errichtung von Schulen.[53]

Thomas von Aquin nennt in seinem Werk "De regimine principum" drei positiv zu bewertende Regierungsformen: die Monarchie, die Aristokratie (in ursprünglicher Bedeutung als Herrschaft der Besten) und die Demokratie. Am höchsten steht die Monarchie. Werden nun diese drei Regierungsformen pervertiert, so entartet die Monarchie zur Tyrannei, die Aristokratie zur Timokratie (Willkürherrschaft weniger aufgrund zufälliger wirtschaftlicher oder sonstiger Vorteile) und die Demokratie zur Ochlokratie (Pöbelherrschaft). Gemäß dem Grundsatz "corruptio optimi pessima", d. h. "die schlimmste Verderbnis ist die des Besten", ist von den korrumpierten Regierungsformen die Tyrannei am verwerflichsten. Wird die Tyrannei unerträglich, so hat das Volk das Recht, den Tyrannen zu entmachten. Den Tyrannenmord lehnt Thomas von Aquin allerdings ab.

An der positiven Einstellung insbesondere der katholischen Kirche zur monarchischen Verfassung hat sich bis in die Mitte unseres Jahrhunderts nichts Wesentliches geändert. Zwar gab es bereits im letzten Jahrhundert unter den Katholiken west- und mitteleuropäischer Länder die Bewegung der "christlichen Demokratie", doch war ihr Ziel die Emanzipation der Arbeiterschaft, nicht jedoch unbedingt eine politische Demokratie.

Von Anfang an republikfreundlich war der **Calvinismus.** *Johann Calvin* (1509–1564) selbst hatte in der Mitte des 16. Jahrhunderts in Genf eine theokratische Republik mit demokratischen Elementen (Einbeziehung von Laien in die Stadtherrschaft) errichtet. Nach Calvin ist der Mensch zur ewigen Seligkeit oder zur ewigen Verdammnis von Gott vorausbestimmt **(Prädestinationslehre).** Diese calvinistische Lehre führte aber, ähnlich wie im Islam, keineswegs zum Fatalismus, d. h. zum bloß passivem Hinnehmen des Schicksals oder Fatums, an dem man doch nichts ändern könne; vielmehr sei der Erfolg im Leben, gerade auch im geschäftlichen Leben, Signum der Auserwählung. Dazu kommt das von Calvin geforderte sittenstrenge Arbeitsethos. Der Soziologe *Max Weber* (1864–1920) hat in einer Unzahl von Einzeluntersuchungen nachgewiesen, daß sich aus dieser Haltung heraus der Geist des modernen Kapitalismus entwickelt hat.

Der Protestantismus Lutherischer Prägung war niemals antimonarchisch, im Gegenteil: Die Lutheraner erkannten dem Landesherrn sogar das Kirchenregiment zu. Das hatte in Bayern die paradoxe Folge, daß die Protestanten über hundert Jahre lang einen katholischen Kirchenherrn hatten. Durch die bekannte Toleranz der Wittelsbacher kam es jedoch kaum jemals zu besonderen Schwierigkeiten.

Die christliche Ethik war über eintausend Jahre lang die beherrschende Ethik des Abendlandes. Sie war theozentrisch orientiert. Erst beim Wechsel vom Mittelalter zur Neuzeit trat ihr im Humanismus eine anthropozentrisch orientierte Geistes- und Wissenschaftshaltung entgegen, aus der heraus sich im Rationalismus und in der Aufklärung nichtchristliche Ethiken entwickelten. Daneben blieb noch jahrhundertelang für die breite Masse das Christentum die kulturell und ethisch bestimmende Macht. Ein zweiter nicht weniger schwerwiegender Bruch erfolgte in den letzten Jahrzehnten, als sich viele katholische Ethiker von der christlichen Tradition ab- und einem humanistischen, meist sozialistisch orientierten Ethos zuwandten. Nur wenige katholische Ethiker, wie in Deutschland *Gustav Ermecke*, halten heute noch an der ethischen Tradition des Christentums fest.

Der Humanismus

Die wachsende Trennung von Wissen und Glauben kündigt am Ende des Mittelalters eine neue Epoche an, die ihren Ausdruck in der Wiederbelebung der klassischen Antike, der Reformation und dem Erwachen der Naturwissenschaften findet. Die Bezeichnung dieser Geistesbewegung geht auf den Begriff "humanum" (das Menschliche) zurück; sie richtet sich gegen das erstarrte Denken der Scholastik, das sich immer mehr in theologisch-logischen Diskursen verfing. Im Gegenzug dazu stellt der Humanismus den Menschen und die ihm zugeordneten Bereiche Natur, Geschichte und Sprache in den Mittelpunkt seines Erkenntnisinteresses.

Als Teilerscheinung der europäischen **Renaissance** (frz. "Wiedergeburt") gab er allen Künsten und profanen Wissenschaften neue Impulse.

Der Humanismus war verbunden mit dem Aufkommen des Nationalismus in Italien (Dante, Cola di Rienzo), da sich die Italiener, die sich als Nachkommen der alten Römer fühlten, auf ihr nationales Erbe besannen. In **Kunst** und **Dichtung** strebte man nach neuer Formvollendung (Francesco Petrarca), die ihren Maßstab in der Antike suchte. Gleichzeitig distanzierte man sich von der vorausgegangenen Kunstepoche, die man abfällig als "gotisch" bezeichnete, was soviel wie "deutsch" oder "barbarisch" bedeutete. Hierin drückt sich aber nicht nur eine Distanzierung von der nordischen "Barbarei" aus, sondern gleichzeitig auch ein kritischer Standpunkt gegenüber der vorausgegangenen mittelalterlichen Kunst und Geistigkeit. Auch die Dichtung wandte sich profanen, lebensnahen Gegenständen zu (Chaucer, Boccaccio, Oswald von Wolkenstein, Ulrich von Hutten, Rabelais). Die Besinnung auf die Antike erforderte nicht zuletzt auch die Erforschung der alten Sprachen. Es entstand die klassische Philologie (Agricola, Erasmus, Melanchthon), der erst später die Neuphilologie folgte.

Im Zusammenhang mit den Konzilien von Konstanz (1414–1418) und von Basel (1431) kamen viele italienische Gelehrte nach Deutschland, wodurch der Humanismus auch hier Eingang fand. Es bildeten sich humanistische Zentren, z. B. in Prag, Wien und Heidelberg. Bekannte Humanisten wie *Nikolaus von Kues* und *Erasmus von Rotterdam* versuchten eine christliche Begründung des Humanismus, ihre Absicht war eine neue, vertiefte Frömmigkeit; er traf im Nordwesten Deutschlands mit der Bewegung der "devotio moderna"[54] zusammen. Bei *Nikolaus von Kues* (1401–1464) findet man einen wesentlichen Grundgedanken dieser Zeit – im Gegensatz zur mittelalterliche Philosophie und quasi als Vorahnung des kopernikanischen Weltbildes: der Gedanke von der Unendlichkeit der Welt und der Erkenntnis; letztere ist gekennzeichnet von Gegensätzen, die jedoch in Gott – der Unendlichkeit – aufgehoben erscheinen (coincidentia oppositorum).

Doch nicht nur die schönen Künste, sondern auch die **Naturwissenschaften** wurden neu gepflegt: Die Mathematik erlebte einen ungeheueren Aufschwung (Cardano, Vieta), desgleichen die Astronomie (Kopernikus, Johannes Müller oder Regiomontanus, der große Kalenderreformer, Tycho de Brahe, Kepler, Galilei). In der Medizin begnügte man sich nicht mehr nur damit, die Schriften der alten Mediziner, besonders des Hippokrates, zu studieren, man führte die Anatomie ein; die jungen Mediziner sollten den Aufbau des menschlichen Körpers an diesem selbst studieren. (Leichensektionen waren vorher bei Todesstrafe verboten.) Der bekannteste Arzt dieser Zeit war Philippus Aureolus Bombastus Theophrastus von Hohenheim, der sich selbst *Paracelsus* (1493–1541) nannte. Er wurde zum Begründer der Pharmazie (Iatrochemie), die sich zusammen mit der Chemie aus alchimistischen und pansophischen Vorstellungen heraus entwikkelte. Paracelsus ging davon aus, daß der Mensch drei verschiedene Anteile in sich vereinigt: einen elementartischen, sichtbaren, einen astralischen, unsichtbaren, und einen geistigen, die göttliche Seele als Quelle der Erkenntnis und Sittlichkeit. Demgemäß ist jede Krankheit leiblich, seelisch und geistig geartet und muß daher auch unter Berücksichtigung dieser drei Gesichtspunkte behandelt werden. Darüber hinaus sieht Paracelsus einen inneren Zusammenhang zwischen allen Naturdingen, da sie beseelte Wesen sind. Er wird damit zum Hauptträger der Idee von der Einheit von Geist und Natur, die später auch von Giordano Bruno wieder aufgenommen wird.

Auch die bildenden Künstler studierten jetzt den menschlichen Körper, der nun mit Vorliebe nackt dargestellt wurde (Dürer, Michelangelo, Tizian u. v. a.).

Die geistigen Umwälzungen, die sich in der Zeit des Humanismus vollzogen, erfaßten schließlich auch die christliche Kirche in Gestalt der durch *Martin Luther* (1483–1546) ausgelösten **Reformation** und führten zu ihrer Spaltung. Mangelhafte theologische Bildung des niederen Klerus, überzogene Machtansprüche der Päpste und allgemeiner Sittenverfall waren Gründe für die Forderung nach einer Erneuerung im geistig-religiösen Bereich.
Nach Luther ist die menschliche Natur durch die **Erbsünde** so verderbt, daß der Mensch edle Vollkommenheit, wie sie den Humanisten vorschwebte, nicht allein durch seine natürlichen Kräfte erreichen kann, sondern dazu der Gnade und des Glaubens bedarf. Eine Mittlerfunktion, wie sie die katholische Kirche für sich in

Anspruch nimmt, wird abgelehnt. Das Verhältnis des einzelnen zu Gott vollzieht sich im persönlichen und unmittelbaren Glaubensakt. Damit stellt Luther auch die Selbstverantwortlichkeit des Individuums in den Vordergrund.

Einen ausgesprochenen Bruch mit Kirche und Christentum bedeutet die Philosophie *Giordano Brunos* (1548–1600), der wegen seiner unchristlichen Lehren (Häresien), die er nicht widerrufen wollte, zum Feuertod verurteilt wurde. So leugnete er z. B. die Menschwerdung Gottes (da sowieso alles Gott ist) sowie die Lehre von der Seelenwanderung (Palingenese).
Giordano Bruno, der als bedeutendster Philosoph der Renaissance-Zeit gilt, faßte die drei Hauptgedanken jener vom Übergang zur Neuzeit charakterisierten Zeit – die Idee von der Unendlichkeit der Welt, der Einheit von Natur und Geist und der Emanzipation des Individuums – in seinen Werken zusammen. Nach ihm besteht die Welt aus einzelnen beseelten Atomen, die sich zu immer höheren Einheiten zusammenschließen, deren höchste und letzte Gott ist. Damit ist Gott in allen Formen der Natur gegenwärtig: Er ist nicht außerhalb der Welt, sondern in ihr und wirkt dort als **Weltseele**. Seine pantheistische Gottes- und Weltvorstellung beeinflußten später vor allem Leibniz (Monadenlehre), Goethe, Schelling und die deutsche Romantik. Für Goethe und Schelling hatte vor allem die Idee der Weltseele eine große Anziehungskraft.

Dem Humanistenkreis gehören auch die **Utopisten** *Thomas Morus* (1489–1535), ein Freund Erasmus von Rotterdams, und *Tommaso Campanella* (1568–1639) an. Bekanntlich hatte schon Platon in seinen Dialogen "Republik" und "Der Gesetzesstaat" Entwürfe der nach seiner Auffassung idealen Gesellschafts- und Staatsordnung vorgelegt. Auf seiner Spur entwickelte Thomas Morus, Kanzler Heinrichs VIII. von England, in seiner Schrift "Utopia" (griech. "Nirgendsland") das Modell einer Gesellschafts- und Staatsordnung, deren charakteristische Merkmale religiöse Toleranz und die Abschaffung des Privateigentums sind, wobei er sich bewußt war, daß diese aus seiner Sicht beste Staatsordnung nicht zu verwirklichen sein wird. Bemerkenswert ist, daß er schon Berechnungen über die Arbeitszeit durchgeführt hat und zu dem Ergebnis kam, daß alle Menschen nur rund vier Stunden täglich arbeiten müßten, wenn alle verpflichtet würden, dies in gleicher Weise zu tun.

Im Idealstaat *Campanellas*, den er "Civitas Solis" (Sonnenstaat) nennt, sollen priesterliche Philosophen und Wissenschaftler die Herrschaft übernehmen. Wie Morus sieht auch Campanella das Privateigentum als Grundübel der Gesellschaft an. Er geht sogar soweit, daß selbst Eheschließung und Zeugung der staatlichen Organisation unterliegen sollen.

Eine Staatsphilosophie aus christlichem Geist strebte der bedeutende Staatsphilosoph *Jean Bodin* (1530–1596) an, der die Frage nach der Staatsgewalt aufgreift und den Begriff der Souveränität, die den Staat kennzeichnet, bestimmt. Er geht von einem absoluten Herrscher aus, der nur dem göttlichen Gebot und dem Naturrrecht verantwortlich ist, dabei aber Freiheit und Eigentum der Bürger achten muß.

Auch auf das Utopiefragment "Nova Atlantis" (1624) des *Francis Bacon* (1561–1626) sei in diesem Zusammenhang verwiesen. In einem "Hause Salomons", das der Staat ohne Mitspracherecht finanziert, soll eine neue, nur dem Gemeinwohl verpflichtete Gelehrtenelite zur Erforschung der "Werke und Geschöpfe Gottes" zusammenwirken. Bacon sieht den Fortschritt der Zivilisation in der Entwicklung von Wissenschaft und Technik zum Wohle des Menschen. Dieser Fortschrittsoptimismus hat sich im letzten halben Jahrhundert ins Gegenteil verkehrt, wie auch aus den zwei heute wohl am meisten gelesenen utopischen Romanen hervorgeht: "Brave New World" von *Aldous Huxley* (1932) und "1984" von *George Orwell* (1949).

Die humanistische Bewegung, die geistesgeschichtlich die Wende vom Mittelalter zur Neuzeit markiert, stellt in erster Linie den Menschen, seine geschichtlichen und politischen Lebensbedingungen und die freie Entfaltung seiner schöpferischen Kräfte (z. B. Sprache) in den Vordergrund. Ethische Positionen werden insofern geprägt, als das spezifisch Religiöse hinter die Tendenz der rein menschlichen Vervollkommnung zurücktritt.

Die Aufklärung

Mit dem Begriff der Aufklärung bezeichnet man im 17. und 18. Jahrhundert das Zeitalter der Vernunft, dessen Definition auf *Immanuel Kant* zurückgeht: "Aufklärung ist der Ausgang des Menschen aus seiner selbstverschuldeten Unmündigkeit. Unmündigkeit ist das Unvermögen, sich seines Verstandes ohne Leistung eines anderen zu bedienen." (1783). Charakteristisch für die Aufklärung ist ihre Distanz zu Tradition und Autorität auf der einen und die Wertschätzung der persönlichen Freiheit sowie die Überzeugung von der Fähigkeit der Lösung aller menschlichen Probleme mittels der Vernunft auf der anderen Seite. Es entwikkeln sich zwei Richtungen: der **Rationalismus** (Hauptvertreter: Descartes, Spinoza, Leibniz) und der **Empirismus**, der vor allem in Großbritannien zu finden ist (Bacon, Locke, Hume).

Rationalismus

Unter **Rationalismus** als Tendenz, die Wirklichkeit mit Hilfe der Vernunft (ratio) zu erklären, versteht man darüber hinaus eine geistige Haltung, die durch die Jahrtausende hindurch zu verfolgen ist. Wir können vom Rationalismus Platons sprechen, aber auch die Absicht Thomas von Aquins (und der übrigen mittelalterlichen Scholastiker), die Offenbarung durch die Vernunft zu erschließen, kann in diesem Sinne als Rationalismus bezeichnet werden. Die Reformatoren haben nicht zuletzt deshalb die Scholastik abgelehnt, da man mit ihrer Hilfe beweisen könne, was man beweisen wolle; statt dessen sei es die Pflicht des Christen, allein auf das Wort Gottes zu hören, anstatt über die geoffenbarten Wahrheiten zu "vernünfteln".

Einen besonderen Auftrieb erfuhr der Rationalismus durch die physikalischen Forschungen *Isaac Newtons* (1643–1727), des Entdeckers des Gravitationssatzes. Mit Hilfe dieses Satzes kann man mit den Mitteln der ebenfalls von Newton (gleichzeitig mit Leibniz) erfundenen Infinitesimalrechnung die Planetenbewegungen beliebig zurück- und vorausberechnen. Im Gegensatz zu den von *Johannes Kepler* (1571–1630) entdeckten und nach ihm benannten Gesetzen der Planetenbewegung ist der Newtonsche Gravitationssatz nicht deskriptiv, sondern ein Kausalgesetz. In dem der Vernunft eigentümlichen Bestreben, alles auf möglichst wenige und möglichst einfache Prinzipien zurückzuführen, glaubte man nun, im Gravitationsprinzip die allgemeinste Ursache alles physikalischen Geschehens gefunden zu haben. Die mittelalterlichen Gottesbeweise hatten i. a. das Kausalprinzip benützt, um auf eine "prima causa", d. h. auf Gott, zurückschließen zu können. Wenn nun die Gravitation die Ursache schlechthin ist, bedarf die nach Laplace autonome Vernunft der "Hypothese Gott" nicht mehr zur Erklärung der Welt.

Der Humanismus hatte, ohne die Offenbarung explizit abzulehnen, den Menschen auf sich selbst gestellt. Es entwickelte sich ein neues Vertrauen auf die Vernunft, das sich in der Philosophie des französischen Philosophen und Mathematikers *René Descartes* (1596–1650) widerspiegelt. Descartes glaubte, in der Reduktion, der er die ganze Erscheinungswelt im methodischen Zweifel aussetzte, als einzige unmittelbar sichere oder evidente Erkenntnis das denkende Ich zu bewahren: "je pense donc je suis" (frz. "ich denke, also bin ich")[55] und sich von diesem subjektivistischen Ansatz aus der Existenz Gottes und der Welt versichern zu können. In seinem Gefolge wollte der jüdisch-holländische Philosoph *Baruch de Spinoza* (1632–1677) die Philosophie und die Ethik streng logisch auf einer der geometrischen Axiomatik Euklids nachgeahmten ethischen Axiomatik aufbauen: "Ethica, more geometrico demonstrata", d. h. "Ethik nach Art der Geometrie bewiesen".

Aus dem Rationalismus Descartes' mit seiner autonomen Vernunft entwickelten sich der französische Materialismus und Atheismus (Lamettrie, Laplace, Kreis der französischen Enzyklopädisten[56]), die die "Hypothese Gott" nicht mehr zu brauchen glaubten, denn der Mensch bedarf keines Vermittlers zur Erkenntnis der Vernunftwahrheiten mehr und anerkennt nichts hinter den Dingen Stehendes.

Das Wort von der "Hypothese Gott" wird *Pierre Simon de Laplace* (1749–1827) zugeschrieben, der uns die wohl präziseste Formulierung dieser aus dem Rationalismus hervorgegangenen Haltung, die man auch als **Determinismus** bezeichnet, geliefert hat: "Eine Intelligenz, der in einem gegebenen Zeitpunkt alle Kräfte bekannt wären, die die Natur beleben, und ebenso die entsprechenden Lagen aller Dinge, aus denen sie besteht, könnte, wenn sie umfassend genug wäre, alle diese Daten der Analyse zu unterwerfen, in einer und derselben Formel die Bewegung der größten Körper des Weltalls und die der leichtesten Atome begreifen; nichts wäre für sie ungewiß, und die Zukunft wie die Vergangenheit wäre ihren Augen gegenwärtig. Der menschliche Geist liefert in der Vollkommenheit, die er der Astronomie zu geben wußte, eine schwache Skizze dieser Intelligenz."[57] Diesen fingierten Riesenmathematiker bezeichnet man als "Laplaceschen Dämon". Man beachte, daß er nichts mit Gott zu tun hat! Laplace glaubte, den gesamten Weltmechanismus auf mathematische Formeln reduzieren und damit gleichzeitig die Voraussagbarkeit der Zukunft gewährleisten zu können.

Empirismus

Im Gegensatz zu dieser rationalistischen Weltanschauung leitet der **Empirismus** alle Erkenntnis unmittelbar aus der Erfahrung ab, während gleichzeitig allem Nichterfahrbaren jegliche Wirklichkeit abgesprochen wird. *John Locke* (1632–1704) begründete eine empirische Erkenntnistheorie, die später zum Positivismus (August Comte), der metaphysische Erörterungen generell ablehnt, weiterentwickelt wurde. Nach Locke gleicht unsere Seele ursprünglich einer tabula rasa[58], der alle Ideen erst durch die sinnliche Erfahrung eingeprägt werden – im Gegensatz zur Descartesschen Lehre, nach der die Seele "ideae innatae" (eingeborene Ideen) besitzt. In die Ethik brachte Locke den modernen Gesichtspunkt ein, daß es die eigentliche Aufgabe des Menschen sei, seine Fähigkeiten zu entfalten – eine Haltung, die man heute gerne mit dem Schlagwort der Selbstverwirklichung bezeichnet.[59] *David Hume* (1711–1776) entwickelte den Lockeschen Empirismus zum Skeptizismus weiter, d. h. zum systematischen Zweifel an jeder gesicherten Wahrheitserkenntnis. So stützen wir uns nach Hume bei unseren Schlußfolgerungen auf das Kausalprinzip, indem wir von der Wirkung auf die Ursache schließen. Zur Annahme dieses Prinzipes kommen wir aber nur durch die Beobachtung häufiger Aufeinanderfolgen. Wenn wir z. B. immer wieder beobachten, daß ein Teller zerbricht, wenn er auf den Boden fällt, behaupten wir den Kausalzusammenhang zwischen Fallen und Brechen. Hume wendet sich damit gegen den durch Spinoza, Leibniz und Newton eingeführten Determinismus.

Bereits eine Übergangsstellung nimmt *Jean Jacques Rousseau* (1712–1776) ein, der den romantischen Protest gegen die Aufklärung maßgeblich vorbereitete, während er dieser selbst noch in sehr hohem Maße verpflichtet war. Nach Rousseau ist der Mensch von Natur aus gut. Seine natürliche Sittlichkeit wird erst durch gesellschaftliche Mißverhältnisse zerstört, nämlich durch die Erziehung in Wissenschaft und Kunst, die Weiterentwicklung der Arbeitsteilung sowie durch das Privateigentum. "Die Natur ist vollkommen überall, wo der Mensch nicht hinkommt mit seiner Qual" dichtete Schiller, der zu den Verehrern Rousseaus gehörte, in dessen Sinne.

Politische Systeme während der Zeit der Aufklärung waren der **Absolutismus,** der seiner Entstehung nach eine Entartung der monarchischen Staatsform ist, sowie der aufgeklärte Absolutismus. Seit dem 16. Jahrhundert gelang es vielen Fürsten, ihre Machtbefugnisse immer mehr zu erweitern, was mit dem Gottesgnadentum begründet wurde. Die Bezeichnung "von Gottes Gnaden" ("Dei gratia"), entstand im 8. Jahrhundert in England und bedeutete ursprünglich das demütige Bekenntnis des Fürsten, seine Macht von Gott und nicht aus sich selbst zu haben, das gleichzeitig die Verpflichtung einschloß, sich durch eine gerechte Herrschaft der Gnade Gottes würdig zu erweisen. Im Laufe des 17. Jahrhunderts verband sich mit dem Gottesgnadentum mehr und mehr die Vorstellung, dem Fürsten selbst käme göttliche Vollkommenheit zu, was dazu führte, daß die Fürsten selbst erlassene Gesetze nicht einzuhalten brauchten.

Im **aufgeklärten Absolutismus** leitete der Monarch oder Fürst sein Recht auf Herrschaft nicht mehr allein vom Gottesgnadentum, sondern aus seinen eigenen Fähigkeiten ab, die er zum Wohle des Staates und seinen Untertanen einzusetzen sich verpflichtete. In Preußen stand König Friedrich II. den Ideen der Aufklärung aufgeschlossen gegenüber, und in Österreich leitete Joseph II. während seiner Regentschaft (1780–1790) wichtige Reformen ein, die ohne den Einfluß aufklärerischen Gedankenguts nicht denkbar gewesen wären.

Grotius, Pufendorf und *Hobbes* vertraten eine Staatsphilosophie, die den Absolutismus rechtfertigte. Daneben lehrten *Locke, Franklin* und *Rousseau* die Volkssouveränität. Vor allem durch Rousseau ("Le Contrat Social") wurde die Aufklärung zur Wegbereiterin der modernen Republiken in Europa.

Der Aufklärung sind Verdienste um eine Humanisierung der abendländischen Gesellschaft nicht abzusprechen: Beendigung der Hexenprozesse, wobei allerdings der Jesuit *Friedrich von Spee* (1591–1635) mit einigen anderen schon wirkungsvoll vorgearbeitet hatte, Sorge für die Volksgesundheit (mit Einführung der Pockenschutzimpfung seit Ende des 18. Jahrhunderts), Verbesserung des Schulwesens sowie Ausbau einer leistungsfähigen Staatsverwaltung. Ihre Schattenseiten wurden jedoch bereits zu ihrer Zeit stark empfunden, vor allem eine völlige Verständnislosigkeit für Volkstum, Volksfrömmigkeit und Mystik (Josephinismus!). Die Verachtung des "unvernünftigen", d. h. nicht aufgeklärten Volkes führte zum Teil zu dessen Unterdrückung. Ein besonders unrühmliches und abstoßendes Beispiel ist der Verkauf von 17 000 hessischen Landeskindern nach Amerika im Jahr 1781 durch den hessischen Landgrafen Friedrich II. für 21 Millionen Taler, die er zur Finanzierung seiner Schlösser brauchte.[60] Der Vorgang erzeugte Empörung in ganz Deutschland und fand mehrfachen literarischen Niederschlag, z. B. in Schillers Drama "Kabale und Liebe" und im Werk Gottfried Seumes, der sich selbst unter den Opfern befunden hatte.

Das Zeitalter der Aufklärung kann als Beginn einer Entwicklung gelten, die durch logisches Vernunftdenken, praktische weltliche Wissenschaft und einen undogmatischen Deismus gekennzeichnet ist. Die kosmisch-göttliche Ordnung mit der Erkenntnis- und Gefühlsordnung des Menschen in Einklang zu bringen, war in der Folgezeit das Anliegen all jener, die zwar vom Verstandeskult und Vernunftoptimismus der Aufklärung geprägt waren, aber die ausschließliche Vernunftorientierung jener Zeit für zu einseitg hielten.

Kants kritische Ethik

Der Gegensatz und die Unversöhnlickeit von Rationalismus und Empirismus stellen die geistesgeschichtlichen und erkenntnistheoretischen Voraussetzungen für die Philosophie Kants dar. Beide Richtungen charakterisiert die Einseitigkeit, die aus der mangelnden Einsicht in die Beteiligung verschiedener Faktoren bei der Bildung von Erkenntnissen resultiert. So verkannte der Rationalismus die Bedeutung der Erfahrung bei diesem Prozeß, indem er davon ausging, daß sich die Erkenntnis aus schon vor aller Erfahrung bestehenden allgemeinen Gesetzen allein durch vernunftgemäßes Denken gewinnen läßt. Die Einseitigkeit des Empirismus hingegen besteht gerade in der Verkennung der Bedeutung allgemeingültiger Begriffe und Vernunftsätze, da er alle Erkenntnis ausschließlich auf Erfahrung gründen wollte.

Die philosophiegeschichtliche Bedeutung Kants liegt nun gerade darin, die verschiedenen Bestandteile beider Richtungen – die sinnliche Erfahrung einerseits und die reine Verstandeskraft andererseits – durch exakte Analyse ihrer erkenntnistheoretischen Grundlagen miteinander in Einklang zu bringen und für seine eigene Auffassung von Wirklichkeit und Erkenntnis nutzbar zu machen. So konnte er zu dem Ergebnis gelangen, daß Erkenntnis immer nur ein Produkt aus empirischen u n d rationalen Faktoren sein kann.

Immanuel Kant ist 1724 in Königsberg als Sohn eines Gerbers geboren und am 12. Februar 1804 in seiner Vaterstadt als Professor für Philosophie gestorben. Außer als Philosoph ist er vor allem auch als Begründer einer Hypothese über die Entstehung des Planetensystems bekannt, die mit den Verbesserungen von Laplace als Kant-Laplacesche Weltentstehungstheorie bis heute nicht grundsätzlich überholt ist. Auch hat er die Vermutung ausgesprochen, daß die Spiralnebel ferne Sternensysteme sind, was erst in unserem Jahrhundert (1926) durch die verbesserte Fernrohrtechnik bestätigt werden konnte. Am bekanntesten wurde Kant jedoch durch seine Vernunftkritik, deren von ihm wiederholt klar ausgesprochene Absicht es war, "das bisherige Verfahren der Metaphysik umzuändern"[61], um zu einer unanfechtbaren Neubegründung derselben zu gelangen.

1781 erschien sein epochemachendes Werk, die "Kritik der reinen Vernunft"[62], in der er untersucht, "was die Vernunft vor aller Erfahrung (a priori) zu leisten vermag"[63], wie sich also Urteile begründen lassen, die nicht aus der Erfahrung (a posteriori) resultieren, und welche Grenzen der menschlichen Erkenntnisfähigkeit gesetzt sind. Auf der Grundlage seiner Vernunftkritik versuchte er weiterhin, die Ethik, das "sittliche Wollen", auf eine neue, wissenschaftliche Grundlage zu stellen, was vor allem in seiner "Kritik der praktischen Vernunft" (1788) realisiert ist. Die 1790 erschienene "Kritik der Urteilskraft" behandelt die Gesetze des Schönen, die mit Hilfe der ästhetischen Urteilskraft erkannt werden können.

Die Kritik der reinen Vernunft

Um Kants Ethik zu verstehen, muß man wenigstens die Grundzüge seiner Erkenntnistheorie kennen, die im folgenden kurz skizziert werden sollen: Der erste Teil, die TRANSZENDENTALE ÄSTHETIK beschäftigt sich mit dem a priori der Anschauung. Ausgangspunkt der Erkenntnis ist die **Anschauung**. Anschauungsformen a priori sind **Raum** und **Zeit**, d. h. Raum und Zeit liegen unserer sinnlichen Wahrnehmung a priori zugrunde, da wir uns nichts ohne räumliche Ausdehnung bzw. auch den Raum selbst nicht als nicht existierend vorstellen können. Das gleiche gilt für die Zeit: Auch sie ist fester Bestandteil unserer sinnlichen Wahrnehmung, da ohne sie z. B. Dauer nicht vorstellbar ist. Beide, Raum und Zeit, sind die **Form**, in der sich unsere Vorstellungen ordnen, sie können daher keine von unserem Erkennen unabhängigen Objekte sein, sondern sind (im mathematischen Sinne) Kontinua. Entscheidend ist, daß Raum und Zeit keine selbständige Existenz außerhalb unseres Bewußtseins zukommt.

Nach der Anschauung ist die zweite "Grundquelle unseres Gemütes" (B 74) der Verstand, dessen a priori gegebene Elemente Kant im zweiten Teil seiner Kritik, der TRANSZENDENTALEN LOGIK, untersucht. Diese **Formen des Denkvermögens**, die dem Verstand also vor aller Erfahrungen eigen sind, werden als **Kategorien** oder reine, apriorische Verstandesbegriffe bezeichnet. Die Anschauung stellt dem Verstand nur das Material (Wahrnehmungen, Vorstellungen) zur Verfügung, die dieser dann ordnet, in dem er sie auf die Kategorien bezieht und damit auf Begriffe bringt, was wiederum die Voraussetzung für das Zustandekommen von Erkenntnis (Urteilen) ist. Die empirischen Anschauungen selbst sind noch keine Erkenntnisse, da diese nur das Ergebnis eines Denkaktes sein können. Kant nennt folgende Kategorien:

Quantität	**Qualität**	**Relation**	**Modalität**
Einheit	Realität	Inhärenz – Subsistenz	Möglichkeit – Unmöglichkeit
Vielheit	Negation	Kausalität – Dependenz	Dasein – Nichtsein
Allheit	Limitation	Gemeinschaft	Notwendigkeit – Zufälligkeit

Nach Kant kann die Apriorität dieser reinen Verstandesbegriffe dadurch nachgewiesen werden, daß unser Bewußtsein die Welt als ein geordnetes System von Erscheinungen auffaßt. Hätten wir diese Begriffe nicht in uns, sondern würden sie aus der Erfahrung resultieren, empfänden wir die Welt als ein Sammelsurium von Empfindungen, als Chaos.

Daneben unterscheidet Kant zwischen **analytischen** und **synthetischen Urteilen**. Die ersten sind bloße **Erläuterungsurteile** und sagen nur das in einem Begriff bereits Enthaltene über diesen Begriff aus (Beispiel: "Ein Kreis ist rund" ist ein analytisches Urteil, da das Rundsein schon im Kreis inbegriffen ist.) Die anderen sind die eigentlichen **Erweiterungsurteile,** denn sie erweitern das Subjekt, indem sie ihm ein neues Merkmal hinzufügen, und stellen damit eine echte inhaltliche Erweiterung des Wissens dar (Beispiel: "7 + 5 = 12" ist ein synthetisches Urteil, da 12 weder in 7 noch in 5 enthalten ist.) Kant kommt nun zu dem wichtigen Ergebnis, daß sich Erweiterungsurteile immer nur auf **Erscheinungen** beziehen können und niemals auf ein Sein an sich, da ihre kategoriale Form unserer transzendentalen Subjektivität entstammt. Das wahre Wesen der Dinge an sich bleibt uns daher unzugänglich; darin liegt die unüberbrückbare Grenze der Erkenntnis.

Somit können Dinge, die nicht in der empirischen Anschauung gegeben sind, die also nicht in den Formen von Raum und Zeit erscheinen, nicht Gegenstand der Erkenntnis sein. Dies sind die Dinge an sich oder transzendente Objekte, also auch Gott. Die Erkenntnis von Transzendentem ist damit ausgeschlossen. Metaphysik im traditionellen Sinne ist nach Kant nicht möglich.

Dieser metaphysischen Probleme widmet sich Kant im zweiten Abschnitt der transzendentalen Logik, der TRANSZENDENTALEN DIALEKTIK. Es entspricht dem Wesen menschlicher Vernunft, sich, was die Erkenntnis betrifft, nicht mit dem Gegebenen zu begnügen, sondern die letzten Gründe des Daseins erforschen zu wollen. Auf diese Weise entstehen – in Anlehnung an Platon – Ideen (keine Begriffe, da sie sich nicht auf erfahrbare Gegenstände beziehen und ihnen keine Anschauung entspricht). Kant führt folgende drei Ideen an:

- die kosmologische Idee: Sie beruht auf dem Versuch, die Welt in ihrer Totalität zu erfassen;
- die psychologische Idee: Auf der Suche nach der letzten Bedingung aller seelischen Erscheinungen hat die Vernunft ein Substrat, nämlich die substantielle Seele, angenommen und die
- theologische Idee: Auf die Frage nach dem Ursprung von Welt und Seele fand sie als Antwort die "Idee Gottes".

Diese **regulativen Ideen** der reinen Vernunft können nach Kant nicht als Erweiterung unserer Erkenntnis angesehen werden, da hier versucht wird, über eine Wirklichkeit an sich (Seele, Welt, Gott) Aussagen zu machen, die nur auf Erfahrung bezogen sinnvoll sein könnten; sie können nur als Richtschnur unseres Handelns dienen: "Wir sollen unser Forschen so betreiben, 'als ob' es eine Totalität der Welt gäbe, und wir sollen so handeln, 'als ob' die Seele unsterblich sei und 'als ob' Gott existiere."[64] So ist nach Kant Gott weder beweis- noch widerlegbar, da er keinen Erkenntnisgegenstand darstellt.

Die früheren metaphysischen Systeme bei Descartes und Leibniz, vor allem die mittelalterliche Scholastik, haben immer wieder versucht, die Existenz Gottes zu beweisen. Schon in seiner vorkritischen Zeit[65] hatte Kant den ontologischen Gottesbeweis[66] Leibniz' und Descartes', der auf die Schrift "Proslogion" *Anselms von Canterbury* (1034–1109) zurückgeht, abgelehnt und als "einzig möglichen Beweisgrund zur Existenz des Daseins Gottes" den kosmologischen Gottesbeweis behauptet, das heißt Gott aus dem Dasein der Welt als absolute Ursache zu erschließen, wobei eine solche Ursache ein notwendiges Wesen sein müßte. In seiner "Kritik der reinen Vernunft" versucht Kant nun zun zeigen, daß alle einschlägigen Beweise, also auch der kosmologische Beweis, selbst bei logischer Korrektheit, ohne Aussagekraft sind, da die der Vernunft immanenten apriorischen Voraussetzungen unseres Erkenntnisvermögens diese überhaupt nicht zur Erkenntnis von Transzendentem, d. h. die Vernunft Übersteigendem, befähigen. Um das zu beweisen und damit metaphysische Beweise überhaupt ad absurdum zu führen, stellt er z. B. im Kapitel "Die Antithetik der reinen Vernunft" (B 448) vier Antinomien (einander widersprechende Satzpaare) der reinen Vernunft auf und zeigt, daß sich nach den gleichen logischen Verfahren sowohl die Thesen als auch die Antithesen beweisen lassen. Damit enthüllt er die Sinnlosigkeit der Thesen der rationalen Kosmologie. Die erste Antinomie z. B. enthält die Thesis: "Die Welt hat einen Anfang in der Zeit und ist dem Raum nach in Grenzen eingeschlossen" (B 454) und die Antithesis: "Die Welt hat keinen Anfang und keine Grenzen im Raum, sondern ist, sowohl in Ansehung der Zeit, als des Raumes, unendlich" (B 455). Nach Kant sind in diesem Fall sowohl These wie auch Antithese unzutreffend, weil jedesmal Aussagen über eine Gesamtwelt gemacht werden, die kein Gegenstand der Erfahrung ist (siehe oben).

Die Kritik der praktischen Vernunft

In der 1768 erschienenen "Kritik der praktischen Vernunft" wendet Kant nun die Prinzipien seiner Vernunftkritik auf die praktische Vernunft, d. h. die Ethik, an. Es geht ihm hierbei vor allem um die Frage, ob und wie die Vernunft a priori den Willen bestimmt. Weiterhin untersucht er, wie der Wille bestimmt werden kann, welche Bestimmungsgründe es dafür gibt und worauf sie gegründet sind.

Ausgangspunkt ist das menschliche Handeln, das auf eine Vielzahl empirischer Dinge bezogen ist, die den Willen bestimmen. Dennoch sind diese, an äußere Gegenstände gebundenen Motive nicht die einzigen Bestimmungsgründe, denn sonst wäre unser Leben regellos und durcheinander und nicht das eines vernunftbegabten Wesens. Die subjektiven Grundsätze – persönliche Prinzipien – nach denen jeder Mensch in seiner individuellen Lebenswelt handelt, nennt Kant **bedingte, hypothetische Imperative**.

Diejenigen Grundsätze jedoch, die Allgemeingültigkeit besitzen und für alle Menschen gleichermaßen bindend gelten sollen, sind nicht empirischen Ursprungs, sondern enstammen aus der Natur des menschlichen Willens und geben diesem bereits eine Richtung, bevor eine Beziehung zu äußeren Gegenständen hergestellt ist, sie sind also a priori gegeben. Diese Grundsätze nennt Kant **unbedingte, kategorische Imperative**. Der oberste Grundsatz, den Kant als "Grundgesetz der reinen praktischen Vernunft" bezeichnet, lautet: "Handle so, daß die Maxime deines Willens jederzeit zugleich als Prinzip einer allgemeinen Gesetzgebung gelten könne."[67]

Dieses Sittengesetz, das ein unbedingtes Sollen enthält, dessen absolut verpflichtenden Charakter wir in unserer transzendentalen (über die Erfahrung hinausgehende) Vernunft a priori erfahren, ist wie die apriorischen Erkenntnisfunktionen rein formal und kann daher keine Handlungen hervorrufen. Dafür werden die empirischen menschlichen Neigungen, also der Bezug auf bestimmte äußere Objekte, benötigt.

Was veranlaßt die Menschen aber, diesem Sittengesetz gemäß zu handeln? Kant nennt als Motiv das Pflichtgefühl, dem Genüge getan werden muß, um nicht Gewissensqualen zu erleiden. Doch nur, wenn wir rein aus der Verpflichtung dieses Gesetzes und nicht aus empirischen Neigungen heraus handeln, handeln wir sittlich. Jeder äußere Bestimmungsgrund unseres Handelns wäre material und würde Sittlichkeit zerstören. Das gilt sogar für die höchsten Güter wie Kunst, Wissenschaft, ja sogar christliche Gottes- und Nächstenliebe. Tugendhaft handeln können wir also nur, wenn wir der Naturkausalität nicht bedingungslos unterworfen sind. Daher müssen wir im sittlichen Interesse die **Freiheit des Willens** postulieren.

Kant ist damit der Begründer des **ethischen Formalismus.** Schiller, obgleich selbst Anhänger Kants, spottete über den mit diesem Formalismus verbundenen ethischen Rigorismus:

> *Gewissensskrupel*
> "Gerne dien' ich den Freunden, doch tu ich es leider mit Neigung,
> Und so wurmt es mir oft, daß ich nicht tugendhaft bin."
>
> *Decisum*
> "Da ist kein anderer Rat; du mußt suchen, sie zu verachten,
> Und mit Abscheu alsdann tun, wie die Pflicht dir gebeut."

Da das menschliche Handeln nun zum einen durch das Pflichtgefühl gegenüber dem Sittengesetz und zum anderen durch persönliche Neigungen geprägt ist, ergeben sich für den Menschen daraus zwei Lebensziele: die **Tugendhaftigkeit** infolge des Sittengesetzes und die **Glückseligkeit** infolge der Neigungen und Triebe. Die Einheit von Tugend und Glückseligkeit ist das höchste Gut, worauf alles menschliche Handeln und Streben gerichtet ist. Da wir aber in unserer endlichen Existenz niemals zur Vollendung der Tugend und zur vollkommenen Glückseligkeit gelangen können, müssen wir die **Unsterblichkeit der Seele** annehmen. Schließlich muß es auch eine Ursache für das Streben nach dem als möglich angenommenen höchsten Gut der Tugendhaftigkeit und Glückseligkeit geben, ein Wesen also, das über den beiden in Widerstreit liegenden Welten des Materiellen und Sittlichen steht: **Gott**.

Von Freiheit, Unsterblichkeit und Gott können wir zwar theoretisch nichts wissen, wir müssen aber ihre Realität im Interesse der praktischen Vernunft postulieren. Die metaphysischen Ideen sind also Postulate der praktischen Vernunft[68]; diese reicht damit weiter als die theoretische.

Daß die drei Ideen von der Freiheit des Willens, der Unsterblichkeit der Seele und der Existenz Gottes durch die praktische Vernunft gefordert werden, aber nicht zu theoretischen Erkenntnisse erhoben werden dürfen, hat Kant den Vorwurf eingebracht, er habe "den lieben Gott zum Hauptportal hinausgeworfen und zum Hintertürl wieder hereingelassen" (Kuno Fischer). Die herkömmliche Überlegung könnte auf das Schema gebracht werden: Wenn Gott ist, gibt es ein sittliches Sollen. Nun gibt es Gott; also gibt es ein sittliches Sollen. Dem Kantschen Gedankengang könnte dagegen folgendes Schema zugrunde gelegt werden: Wenn es Gott nicht gibt, gibt es kein Sittengesetz. Nun gibt es das Sittengesetz;

also gibt es Gott. Man nennt in der Logik beide Schlüsse hypothetische Syllogismen und bezeichnet den ersten Schluß als modus ponendo ponens, den zweiten als modus tollendo tollens.

Interessant ist schließlich noch Kants Rechtsauffassung. Das Recht ist nach ihm "die Summe aller jener Bedingungen, unter denen die Willkür des einen mit der Willkür aller anderen nach einem allgemeinen Gesetze der Freiheit zusammenbestehen kann" ("Rechtslehre", Einleitung). Bemerkenswert und durchaus modern anmutend ist die mit dieser Rechtsauffassung verbundene Überzeugung, daß der eigentliche Sinn des Rechts Schutz der Freiheit des einzelnen ist, die im Sinne Kants allerdings nicht Hemmungslosigkeit, sondern Freiheit zu sittlichem Tun zu sein hat. (Das von Kant gebrauchte Wort "Willkür" hat nicht die negative Bedeutung, die wir heute damit verbinden, sondern bedeutet einfach die freie Ausübung des Willens.)

Der scharfsinnigste Kritiker von Kants Erkenntnislehre war der Wiener Philosoph *Franz Brentano* (1838–1917; Großneffe des Dichters Clemens Brentano), der vor allem die Inkonsequenzen des Kantschen Apriori-Begriffes analysierte. Als Kritiker des ethischen Formalismus ist vor allem der Philosoph und Soziologe *Max Scheler* (1874–1928) hervorgetreten, der dem ethischen Formalismus Kants eine "materiale Werteethik" entgegenstellt. Heute gibt es wohl kaum mehr einen namhaften Denker, für den das Werk Kants mehr als einen gewaltigen Denkanstoß darstellt, der die geistige und vielleicht sogar politische Entwicklung der letzten zwei Jahrhunderte wesentlich beeinflußt hat, letzteres vor allem über Hegel und Marx.

Aber schon die unmittelbaren Epigonen Kants sind der eigentümlichen Dialektik ausgesetzt gewesen, daß sie "die ethischen Sätze in Ablösung von dem gedanklichen Ganzen zu betrachten [hatten], innerhalb dessen sie allein ihr volles Gewicht behaupten"[69]. Das heißt: Gerade der Erfolg der ethischen Intentionen Kants mußte zur Negation ihrer Voraussetzungen führen. Das gilt schon und vor allem für den **deutschen Idealismus.**

Der deutsche Idealismus

Wenn wir von Idealismus sprechen, müssen wir zunächst unterscheiden zwischen der ethischen Haltung, die wir so nennen, und dem Idealismus als Erkenntnis- und Seinslehre. Im ersten Sinne meint man damit eine Haltung, in der wir unser Tun und Lassen nach Idealen orientieren, nötigenfalls auch unter Hintanstellung materieller Vorteile. Einen Idealismus im zweiten Sinne haben wir zuerst bei Platon kennengelernt, nach dem wahres Sein nur den Ideen zukommt, während die Gegenstände unserer Sinnenwelt nur durch Teilhabe an den Ideen Sein haben (vgl. S. 7 f.) Man nennt diese platonische Auffassung **ontologischen Idealismus**. Er hat in unserem Jahrhundert eine Wiederbelebung durch den englischen Mathematiker *Alfred North Whitehead* (1861–1947), zusammen mit *Betrand Russel* (1872–1970), Verfasser der "Principia Mathematica", erfahren. Die Annahme Descartes', daß unsere Seele durch "ideae innatae" zur Erkenntnis befähigt wird, bezeichnet man als **psychologischen Idealismus.** Kant selbst charakterisiert seine Erkenntnislehre als **transzendentalen Idealismus.**

Im deutschen Idealismus – so genannt, weil seine Hauptvertreter Deutsche waren – stellt sich nun eine neue Form des Idealismus dar, die aus dem transzendentalen Idealismus Kants hervorgegangen ist. Man bezeichnet ihn als **spekulativen Idealismus**, da seine Vertreter ihr Denken nicht mehr auf Erfahrung gründen, sondern die Wirklichkeit durch reines Denken (Spekulation) erschließen wollen. Die Welt stellt sich ihnen als Entfaltung der absoluten Idee dar. In der Tat: Wenn unser Erkennen auf eine uns notwendig unbekannt bleibende Weise von außen angeregt wird, aber sich ausschließlich unter der Gesetzlichkeit der transzendentalen Vernunft entfaltet, so liegt der Gedanke nahe, die Entfaltung des Erkennens selbst zu verabsolutieren. Dann wird es zur eigentlichen sittlichen Bestimmung des Menschen, diesen Prozeß der Selbstentfaltung des Absoluten zu fördern. Der spekulative Idealismus entstand aus dem Bestreben, den von Kant festgestellten Dualismus zwischen "Ding an sich" und Erscheinung aufzuheben.

Der spekulative Idealismus

Fichte

Johann Gottlieb Fichte (1762–1814) griff in diesem Sinne eine Bemerkung Kants (aus der "Kritik der reinen Vernunft, Auflage A) auf, es sei nicht unmöglich, daß das Ich selbst das Ding an sich sei. Nach Fichte setzt sich nun das Ich im Denken als **subjektives Ich** selbst. (Von diesem Ansatz her wird speziell seine Form des Idealismus auch als subjektiver Idealismus bezeichnet.) Aber indem es sich selbst setzt, erfährt es sich durch das entgegenstehende Objektive als beschränkt und setzt gerade dadurch das **Nichtich.** "Das Ich ist zugleich das **Handelnde** und das **Produkt** seiner Handlung; es setzt sich durch sein bloßes Sein und ist durch sein bloßes Gesetztsein."[70] Das Ich wird sich erst durch die Erfahrung seiner Beschränktheit seiner selbst und seines Nichtichs bewußt und hat damit den Gegensatz zwischen Erscheinung und Ding an sich selbst hervorgebracht.

Das beschränkte (subjektive) Ich ist Individuum. Es gibt viele solche "Ichs", die unter der Verpflichtung stehen, in freier Gemeinschaft zusammenzuleben. Die Summe der dadurch gegebenen Beschränktheiten ist das **Recht.** Die Aufrechterhaltung der Rechtsordnung erfordert die Gewalt des Staates, dessen Grundlage der Staatsvertrag ist. Der Staat ist der Bereich der äußeren Freiheit. Ihr Sinn ist die Überwindung der Schranke des Nichtichs in der Erkenntnis: "Richtige Einsicht ist Verdienst", während Schuld in Gedankenlosigkeit und Irrtum besteht. Ziel des Menschen ist nicht eine individuelle Glückseligkeit in einem jenseitigen Himmel. Zwar wird die christliche Vorstellung von einem ewigen seligen Leben im Himmel und einem ewigen Tod in der Hölle (d. h. im Zustand der Gottferne) von Fichte übernommen, doch werden diese eschatologischen Vorstellungen des Christentums ins Diesseitige transformiert. Insofern ist Fichte ganz Humanist und Aufklärer: Dem guten Menschen, der an seiner eigenen Veredelung und an der der Menschen arbeitet, wird "die Liebe eine ewig fortrinnende Quelle von Glauben und Hoffnung, nicht an Gott oder auf Gott: denn Gott hat er allgegenwärtig in sich lebend, und er braucht nicht erst an ihn zu glauben, und Gott gibt sich ihm ewig fort ganz, so wie er ist; und er hat darum nichts von ihm zu hoffen, sondern von Glauben an Menschen und von Hoffnung auf Menschen"[71]. Aber der Sinn des einzelnen liegt in der Überwindung der Individualität: "Wer noch ein Selbst hat, an dem ist sicher gar nichts Gutes."[72] Durchgang auf dem Wege der Aufgabe des individuellen Ichs zu einer allgemeinen Menschlichkeit kann durchaus auch die Nation sein![73] Vor allem in seinem späteren Werk erkennt Fichte deshalb dem Staate und der Nation als dem Staatsvolk über ihre Aufgabe der Sicherung der äußeren Rechte hinaus auch einen unmittelbaren Sinn zu und rückt damit nicht zuletzt in die Nähe Hegels.

Wir brauchen nach Fichte für unser sittliches Handeln weder Gottesglauben noch -hoffnung noch -liebe, da ja Gott ohnedies in uns lebt und wirkt. Diese pantheistische Haltung hat Fichte den Vorwurf des Atheismus eingebracht und 1799 zu seiner Entlassung als Professor an der Universität Jena geführt. (Auch Goethe hat diese Entlassung gut geheißen.) Religionsphänomenologisch gehören zu jeder Religion die Momente Glaubenslehre (Dogma), Moral und Kult. Erst seit Kant gibt es die explizite Idee einer Ethik, die in keiner Religion begründet sein muß, wenngleich auch selbst dieser eine Art nachträglicher theologischer Begründung gegeben hat. Fichte dürfte der erste bedeutende Ethiker sein, der auf diese theologische "Rückkopplung" ganz verzichtete – eine Haltung, die mit wechselnden philosophischen Begründungen oder auch ganz ohne Begründungsversuch bis in unsere Zeit aktuell geblieben ist.

Hegel

Wilhelm Friedrich Hegel ist 1770 in Stuttgart geboren, 1831 in Berlin gestorben. Er studierte in Tübingen Theologie und Philosophie und lehrte von 1801 bis zu seinem Tode an den Universitäten Jena, Heidelberg und Berlin Philosophie – mit einer durch die politischen Ereignisse bedingten Unterbrechung von 1806 bis 1816. In dieser Zeit wirkte er zuerst als Redakteur in Bamberg, dann als Gymnasialdirektor in Nürnberg.

Von seinen Werken sind hervorzuheben: "Phänomenologie des Geistes" (1879), "Wissenschaft der Logik" (1812–1816), "Enzyklopädie der philosophischen Wissenschaften im Grundriß" (1817), "Grundlinien der Philosophie des Rechts" (1821) sowie die posthum publizierten Vorlesungen, vor allem über Ästhetik und Philosophiegeschichte.

Hegel sieht in der **absoluten Vernunft** das Ding an sich. Die absolute Vernunft ist das schlechthin Allgemeine, der Begriff oder die Idee. Der Ausgangspunkt des historischen Prozesses des Denkens ist für Hegel nicht wie für Fichte das subjektive Ich, von dem aus kein logischer Weg zum Objektiven führen würde, sondern die objektive Idee; deswegen kennzeichnet man seinen Idealismus auch als **objektiven Idealismus.** Der Begriff ist schlechthin alles, die Hegelsche Position ist damit Pantheismus. Die ganze Mannigfaltigkeit der Welt ist im Begriff impliziert und entfaltet sich in ihm im **dialektischen Prozeß.** Das Schema dieses Prozesses ist der bekannte dialektische Dreierschritt von **These** (Setzung), **Antithese** (Entgegensetzung) und **Synthese**. In der Synthese liegt die jeweils höhere Stufe der Entwicklung. Doch bleibt der Prozeß bei der Synthese nicht stehen; sie behauptet sich selbst als neue These und setzt als solche wieder die Antithese, die sich schließlich zusammen mit der These in einer neuen (höheren) Synthese wieder aufhebt usw. Dieser dialektische Schritt, der schon bei Kant vorbereitet ist (vgl.

Kategorientafel) wurde am konsequentesten in der "Enzyklopädie" angewandt und führt zu einer geradezu exzessiven Systematik, in der alle Wissenschaften, alle Erscheinungen in der Natur und alle Phänomene des Geistes ihren exakten Platz erhalten. Das Hegelsche System kann als – nach folgendem triadischen System formalisiert – gedacht werden:

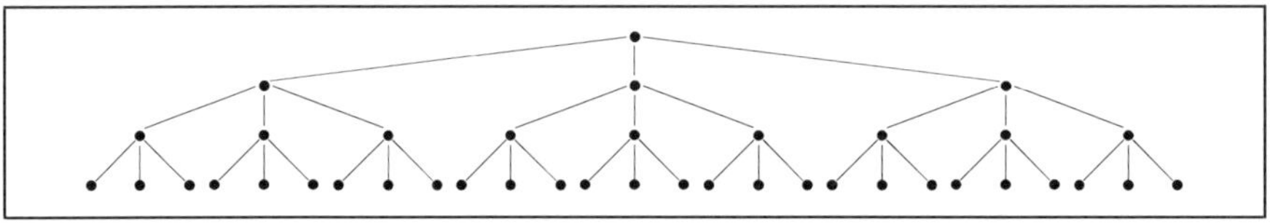

Der Begriff setzt sich zuerst als **Begriff an sich** und ist als solcher Gegenstand der **Logik.** Dann negiert er sich in seinem Ansich und wird zum Begriff **außer sich** und als solcher Gegenstand der **Naturphilosophie.** Schließlich hebt er sein Ansich in seinem Außersich auf und erreicht in dieser Synthese sein Insich, Gegenstand der **Phänomenologie des Geistes:**

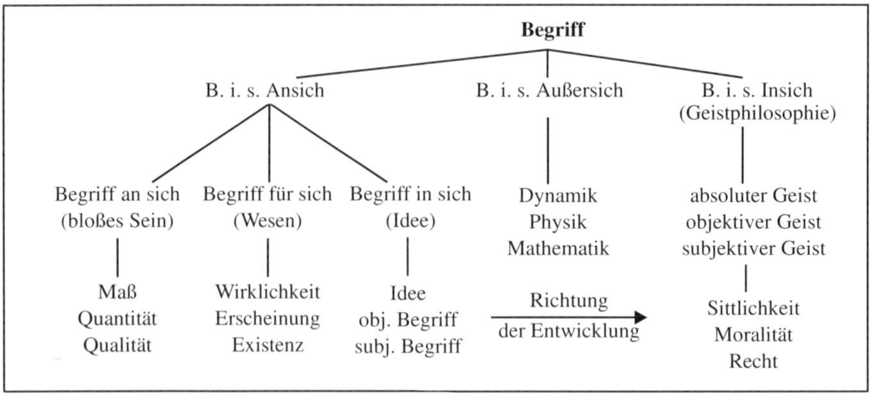

Der menschliche Geist ist die "zu ihrem Fürsichsein gelangte wirkliche Idee, die um sich selbst weiß"[74]. In diesem Schema haben auch Recht, Moralität und Sittlichkeit ihre genau definierte Stelle. Sie sind Entfaltungen des objektiven Geistes (s. o.).

Wie für Kant und Fichte hat auch das Recht für Hegel den Charakter der Äußerlichkeit. Durch Negierung der Äußerlichkeiten des Rechts setzt sich der objektive Geist als Moralität. Wir müssen, heißt es da, das Gesetz in unseren Willen aufnehmen, damit Moralität und durch die Harmonie von äußerem Gesetz und Moralität wahre Sittlichkeit entsteht. Sittlichkeit liegt in der Synthese der beiden abstrakten Momente. In der "Phänomenologie des Geistes" formuliert Hegel zwei ethische Postulate:

1. "Die Harmonie der Moralität und der gegenständlichen Natur ist der Endzweck der Welt".
2. "Die Harmonie der Moralität und des sittlichen Willens ist der Endzweck des Selbstbewußtseins als solchem"[75].

Die Harmonie des Besonderen mit dem Allgemeinen erweist sich damit als **das Gute. Das Böse** ist somit die Verweigerung der Synthese, "die innerste Reflexion der Subjektivität in sich gegen das Objektive und Allgemeine"[76], durch die der dialektische Prozeß, dessen causa finalis die Vollendung des Göttlichen als des Absoluten ist, unterbrochen wird.

Die Überwindung des Individuellen im Allgemeinen führt in die Sphäre der Sittlichkeit, und zwar zu den überindividuellen Strukturformen der Familie, der bürgerlichen Gesellschaft und des Staates. Im Staat kommt der objektive Geist zu seiner Vollendung. Er ist der "hienieden präsente Gott"[77]. Schließlich ist die Weltgeschichte die Entwicklung des an sich seienden objektiven Geistes zum **Weltgeist,** jeweils unter Führung einer vom Weltgeist dazu berufenen Nation.

Mit solchen Ideen wurde Hegel zum Philosophen des Staatsabsolutismus. Die Einzelperson ist, wie bei Fichte, nur Durchgang, die im Augenblick des Durchgangs zugunsten eines Objektiven, eben des Staates, negiert wird. Daß diese Negierung bis zur physischen Vernichtung des einzelnen, der sich entgegen dem dialektischen Prozeß in seinem Selbst behaupten will, führen kann, liegt durchaus in der Konsequenz der Hegelschen Prämissen. Auch die **Freiheit** ist nicht das, was wir darunter verstehen, sondern selbst höhere Stufe in der Entwicklung des objektiven Geistes, in der sich dieser im dialektischen Prozeß über die Naturnotwendigkeit erhoben hat. *Albert Stöckl,* der weder vom Nationalsozialismus noch von Faschismus und dem Sieg des Kommunismus etwas wissen konnte, schrieb im Jahr 1883 mit bemerkenswerter Klarsicht: "Für herrschsüchtige und gewalttätige Eroberer ist die Hegelsche Geschichtsauffassung wie gemacht; sie finden darin die Rechtfertigung für ihr Tun und Treiben, und wenn sie auch durch Ströme von Tränen und Blut auf ihrem Eroberungsgang hindurchwaten müssen, das braucht sie nach der Hegelschen Geschichtsauffassung nicht zu inkommodieren, wenn sie nur der Überzeugung sind, daß sie an der Spitze des jeweilig den Weltgeist repräsentierenden herrschenden Volkes stehen; denn diesem gegenüber sind ja alle anderen Völker rechtlos."[78]

An Hegels Philosophie erweist sich, wie kaum sonst, die unheimliche Macht der philosophischen Idee. Was der Denker still ersinnt, kann der ganzen Menschheit zum Fluch oder Segen werden. Folgende drei Zitate bringen diesen Gedanken zum Ausdruck:

> "Nein" – Der menschliche Geist erkennt seine eigene Größe nicht; die Tat überflügelt den Gedanken! – Denn nicht die rohe, physische Gewalt, nein, der Geist schafft Taten, wie sie geschehen sind ..." (E. T. A. Hoffmann: Der Elementargeist)

> "Der Gedanke will Tat, das Wort will Fleisch werden. Und wunderbar! Der Mensch, wie der Gott der Bibel, braucht nur seinen Gedanken auszusprechen, und es gestaltet sich die Welt. Die Welt ist die Signatur des Wortes. Dieses merkt euch, ihr stolzen Männer der Tat. Ihr seid nichts als unbewußte Handlanger der Gedankenmänner, die oft in demütiger Stille euch all eu'r Tun aufs bestimmteste vorgezeichnet haben!" (Heinrich Heine: Zur Geschichte der Religion und Philosophie in Deutschland)

> "Die Philosophen haben die Welt nur verschieden interpretiert. Es kommt darauf an, sie zu verändern."
> (Karl Marx: 11. Feuerbachthese)

In der berühmten 11. Feuerbachthese von Karl Marx wird die Weltveränderung als das eigentliche Ziel der Philosophie bezeichnet. Ob E. T. A. Hoffmann von Hegel, den er jedenfalls persönlich kannte, beeinflußt war, ist nicht mehr feststellbar. Bei Heinrich Heine und Karl Marx ist diese Frage zu bejahen.

Es sei noch kurz auf Hegels Lehre vom **absoluten Geist** eingegangen. Dieser ist die Synthese des subjektiven und des objektiven Geistes. Auf dieser Stufe wird sich der Geist seiner Absolutheit und Göttlichkeit bewußt. Alle Entwicklung ist jetzt in ihm aufgehoben. Trotzdem durchläuft auch der absolute Geist als "die ebenso ewig in sich seiende wie in sich zurückkehrende und zurückgekehrte Identität"[79] noch eine dreiphasige Entwicklung: von der bloßen Anschauung seiner selbst im (sinnlichen) Bild über das Gefühl zum vollen reflexen Bewußtsein. Den drei Phasen entsprechen die **Kunst,** in der die Idee in Form sinnlicher Schönheit für unsere Anschauung Wirklichkeit gewinnt, aber in der Weise der Singularität; die **Religion,** in der sich der absolute Geist dem Gefühl manifestiert und schließlich die **Philosophie,** die gleichzeitig Überwindung und Vollendung von Kunst und Religion ist, die höchste Stufe, die das Selbstbewußtsein erreichen kann. Natürlich muß es die wahre, nämlich die Hegelsche Philosophie sein, durch die der Geist diesen seinen höchsten Gipfel erreicht. Goethe läßt im 2. Teil seines "Faust" (2. Akt) den Schüler des ersten Teiles, jetzt aber als fertigen Akademiker, als Baccalaureus, nochmals auftreten. In ihm persifliert er die Arroganz der Hegelschen Philosophie: "Ganz resolut und wacker seht ihr aus. Kommt nur nicht absolut (!) nach Haus." Und einige Zeilen weiter bringt der junge Philosoph seine Verachtung den empirischen Wissenschaften gegenüber zum Ausdruck: "Erfahrungswesen, Schaum und Dust, Und mit dem Geist nicht ebenbürtig."

Dieser übersteigerte Rationalismus hielt nicht lange vor. Hegels Philosophie war zeitweise die herrschende Denkrichtung in Deutschland, geriet aber noch zu Lebzeiten ihres Urhebers fast in Vergessenheit. Die Dialektik geschichtlicher Entwicklung hatte keinen Respekt vor der Hegelschen These, daß sein Denken Ende und Vollendung dieser Entwicklung darstelle, sondern bewährte sich an ihm selbst, insofern dem spekulativen später der humanistische Idealismus folgen sollte, und zwar in Form von Konzeptionen, die ausdrücklich das angeblich untrügliche Gefühl für das Rechte, Gute oder Wahre zu ihrer Basis machten.

Schelling

Friedrich Wilhelm Schelling ist 1775 in Württemberg geboren, studierte wie Hegel Theologie und Philosophie in Tübingen, später in Leipzig Philosophie; wurde Dozent für Philosophie in Jena, 1803 Professor in Würzburg. Von 1807 bis 1841 wirkte er mit kurzen Unterbrechungen in München und von 1841 ab in Berlin. Er ist 1854 in Ragaz in der Schweiz gestorben. König Ludwig I. von Bayern, der in ihm seinen geistigen Führer sah, stiftete ihm das Grabmal.

Schelling erstarrte nicht wie Fichte und Hegel in einer vorentworfenen Systematik, sondern suchte in immer wieder neuen Ansätzen, sich Wahrheit zu erschließen. Eben dadurch ist er aber auch offener als jene und vermag heute noch anregend zu wirken. *König Ludwig I.*, beeinflußt durch den Regensburger Bischof *Johann Michael Sailer,* schwebte eine Versöhnung von Glauben und Wissen vor, der er durch die Berufung bedeutender Denker nach Bayern, insbesondere nach München, die Wege ebnen wollte. Unter ihnen waren, neben Schelling, der diesem geistesverwandte Philosoph *Franz von Baader* (1765–1841), der Theologe *Johann Adam Möhler* sowie der Historiker, Journalist und Mystikforscher *Joseph Görres.* Vor allem über den Philosophen und Arzt *Gotthilf Heinrich von Schubert* gewann Schelling auch erheblichen Einfluß auf die Romantik.[80]

Das Bedeutendste an Schellings Philosophie ist seine **Identitätslehre:** Weder hat Fichte Recht, wenn er vom Ich, noch Hegel wenn er vom objektiven Begriff ausgeht. Wir müssen vielmehr ein Prinzip statuieren, in dem Ich und Nichtich, Geist und Natur in absoluter Identität vereinigt sind. Dieses Prinzip nennt er in ausdrücklicher Anlehnung an *Giordano Bruno* **Weltseele.**[81] Mit Kant und Hegel unterscheidet Schelling zwischen Verstand und Vernunft. Aber während uns nach Kant die Vernunft durch ihre Ideen, die sie gleichwohl notwendig bildet, zu Trugschlüssen führt, ist ihr nach Schelling die absolute Identität "durch unmittelbare intellektuelle Anschauung"[82] gegeben. Gott ist "die absolute Indifferenz" der Gegensätze, die Einheit des Seins und Denkens, des Endlichen und Unendlichen, des Subjektiven und Objektiven.[83] Er ist selbst nicht wirklich, sondern die höchste Voraussetzung alles Wirklichen. Natur und Geist sind nur zwei verschiedene Seiten des erscheinenden Göttlichen. Ebenso ist die Seele nur die ideale Seite des Leibes. Die **sittliche** Aufgabe unserer Seele besteht in der intellektuellen Anschauung des Göttlichen. Der ewigen Menschwerdung Gottes hat die Gottwerdung des Menschen zu korrespondieren. Eben dadurch erreicht der Mensch Sittlichkeit und durch die Sittlichkeit Glückseligkeit. Der sittliche Gesamtorganismus aber ist der **Staat.**

Was bei den antiken Moralsystemen, z. B. des Aristoteles, gerügt werden mußte, wäre hier zu wiederholen: Damit der Mensch seine sittliche Bestimmung erreicht, wäre eine außerordentliche geistige Schulung Voraussetzung, die den meisten Menschen nicht zugänglich ist. Darüber hinaus hat *Dietrich von Hildebrand* auf die eigenartige Tatsache hingewiesen, daß pantheistische Systeme oft mit einem elitären Auslesebewußtsein ihrer Vertreter Hand in Hand gehen. Schelling selbst hat diese Position der pantheistischen Identitätsphilosophie zugunsten einer neuplatonischen Auffassung modifiziert.

Unter **Neuplatonismus** versteht man eine um 200 n. Chr. herrschende Denkrichtung, zu deren hervorragendsten Vertretern *Plotinus* (176–250) und *Proklus* (410–485) gehören. Über letzteren hat der Neuplatonismus auch auf das Christentum (Augustinus!) Einfluß gewonnen. Die neuplatonischen Ansichten erinnern durchaus an Lehren des deutschen Idealismus, so daß es nicht verwundert, wenn Schelling ausdrücklich auf jene zurückgreift.

Das oberste Prinzip ist nach Plotin **das Eine,** das im Sinne Platons gleichzeitig als **das Gute** aufgefaßt wird. Das Eine wendet sich, sich selbst erkennend, sich zu und wird dadurch **Nous** (Vernunft). Aus dem Nous geht die Weltseele hervor als die allgemeine Weltentelechie. Die einzelnen Menschenseelen sind Individualisierungen der Weltseele, die infolge eines Abfalls von dieser mit sterblichen Körpern verbunden sind. Auch für Schelling ist die Seele eine abgefallene Idee, die durch ihren Abfall in Sinnlichkeit verstrickt und dadurch endlich geworden ist; ihrer wahren Natur nach wäre sie unendlich. Damit ist ihre ethische Aufgabe klar. Sie besteht darin, daß sie sich wieder zur Unendlichkeit und Absolutheit erhebt. Das geschieht negativ durch Askese, positiv durch die Konzentration auf die Anschauung des Unendlichen. Es gibt keine Belohnung der Tugend (von einem transzendenten Gott her); vielmehr besteht die Glückseligkeit darin, daß sich die Seele ganz der immanenten Notwendigkeit ihrer wahren Natur überläßt. Durch die Rückkehr in das Absolute überwindet sie gleichzeitig Individualität und Sterblichkeit und hat an der Unsterblichkeit der Idee Anteil.

Schellings letzte und längste Schaffensperiode (ab 1809) ist vor allem von religionsphilosophischen Fragestellungen geprägt und von mystischen Elementen durchdrungen. Hauptwerke dieser **mystisch-theosophischen** Periode sind "Philosophische Untersuchungen über das Wesen der menschlichen Freiheit" (1809) und "Philosophie der Mythologie und Offenbarung" (1842). Diese Periode seines Denkens ist nicht nur die längste, sondern auch die für ihn charakteristischste. Schelling knüpfte in ihr, wohl unter dem Einfluß seines Münchener Kollegen Baader, an den protestantischen Mystiker *Jakob Böhme* (1575–1624) an.

Implizieren alle Formen des deutschen Idealismus eine Ethik, so gilt dies in besonderem Maße von der mystisch-theosophischen Richtung Schellings. Schelling beantwortet die **Frage nach dem Bösen** mit der Behauptung, daß in Gott selbst eine Entzweiung vorliegen müsse, die in "Grund" und "Existenz", d. h. Gott muß den Grund seiner Existenz in sich selbst tragen, da es außer und vor ihm nichts anderes gibt. Da nun aber alles Geschaffene – auch das Böse – letztendlich von Gott kommt, muß es seinen Ursprung in dem haben, was in Gott nicht er selbst ist, sondern in seinem Grund.

Der Grund (die Finsternis) wird als das Dunkle, Unbewußte, Ungeordnete verstanden, das zum Licht, dem Geordneten und Universalwillen verwandelt werden muß. Während in Gott beide Wesensmerkmale untrennbar miteinander verbunden sind, treten sie beim Menschen auseinander, worin die Ursache für Gut und Böse liegt. Das Böse entsteht, wenn sich der Mensch vom Licht lossagt. Daher besteht die ethische Aufgabe des Menschen darin, seinen **Partikularwillen** dem **Universalwillen** unterzuordnen. Das Böse ist also nicht, wie für die christliche Ethik, eine Unordnung oder ein bloßer Mangel des Guten, also ein reines Negativum, sondern aufgrund seiner Notwendigkeit im Hinblick auf die Offenbarung Gottes etwas durchaus Positives. Ungeachtet seiner Notwendigkeit ist es dennoch nur Durchgang zur Synthese in einem in sich versöhnten All.

In Gott geschieht alles mit Notwendigkeit; er hat keine Wahlfreiheit zwischen verschiedenen Möglichkeiten. Das Aus-sich-heraustreten in der Schöpfung ist kein Akt göttlicher Willkür, sondern sein Wesen. Möglicherweise hat Heinrich Heine, der ein Kenner des deutschen Idealismus war, an die Schellingsche Schöpfungslehre gedacht, als er dem schaffenden Gott folgende Verse in den Mund legte:

"Warum ich eigentlich erschuf
Die Welt, ich will es gern bekennen:
Ich fühlte in der Seele brennen
Wie Flammenwahnsinn den Beruf.

Krankheit ist wohl der letzte Grund
Des ganzen Schöpferdrangs gewesen;
Erschaffend konnte ich genesen,
Erschaffend wurde ich gesund."

In der weiteren Entwicklung seiner Philosophie suchte Schelling, diese mehr in Übereinstimmung mit der christlichen Offenbarung zu bringen, indem er vor allem auch die Dreifaltigkeitslehre und den Sündenfall in seine Spekulationen miteinbezog.

Der humanistische Idealismus

Der übersteigerte Rationalismus der Aufklärungszeit mit seiner starken Betonung der Vernunft veranlaßte eine Reihe von Denkern zur Kritik, die auf der Überzeugung beruhte, daß sich nicht alles mit dem Verstand erfassen läßt bzw. den Gesetzen der Logik zugänglich ist, deswegen aber keineswegs als vernunftwidrig zu gelten hat. Intuition, Instinkt und Gefühl gelten als vorrationale Erkenntnisquellen, deren Ergebnisse erst den Ausgangspunkt für die Bearbeitung durch den Verstand darstellen. Schon Heinrich Heine macht sich in seiner "Harzreise" über die vielerorts anzutreffende Vernunftschwärmerei lustig und spottet über die "ganze Menge Bücher, worin immer die Vernunft von ihrer eigenen Vortrefflichkeit renommiert".

Doch Skepsis gegenüber der Vernunft als einzig gültiges Mittel zur Gewinnung von Erkennnis läßt sich bis zu Martin Luther zurückverfolgen, der schon 1540 feststellte: "Wenn jemand die Vernunft zu Rate zieht, kann er unseren Glaubensartikeln nicht zustimmen."[84] Nur die von Gott erleuchtete Vernunft hilft dem Glauben.[85] Auch sein Wort von der "Hure Vernunft" ist bekannt. Das Wesen der Hure besteht darin, daß sie sich jedem hingibt. So, meinte Luther, könne man mit der Vernunft alles beweisen, was man beweisen wolle – wie es dann später Kant in seiner Antinomienlehre detailliert aufzeigt. Solche skeptischen Worte Luthers die Vernunft betreffend richteten sich gegen die katholische Schulphilosophie und -theologie (Scholastik), die teilweise Denkkategorien verwendeten, die von Platon, Aristoteles und Proklus übernommen waren. Nicht die natürliche Vernunft, sondern das in der Bibel mitgeteilte Wort Gottes hat – nach Luther – Grundlage des Denkens zu sein.

Was bleibt aber, wenn der Glauben an die Offenbarung verlorengeht? In der Nachfolgezeit von Rationalismus und Idealismus glaubte man, auf ein angeblich sicheres Gefühl für Wahrheit und Sittlichkeit rekurrieren zu können. Der schottische Philosoph *Thomas Reid* (1710–1796) setzte dem Locke-Humeschen Skeptizismus den **gemeinen Menschenverstand** (common sense) entgegen, dessen wichtigstes Kennzeichen ein unfehlbarer Instinkt für unsere wichtigsten Erkenntnisse sei. Noch weiter ging in Deutschland *Friedrich Heinrich Jacobi* (1743–1819), der den kategorischen Imperativ Kants kritisierte: Nicht ein abstraktes Axiom, sondern das sichere Gefühl für das Gute stehe am Anfang unseres sittlichen Bewußtseins. Wir fühlen es, daß es einen persönlichen Gott, eine menschliche Freiheit gibt und brauchen es nicht zu beweisen. Der Versuch, die Wissenschaft auf die Dialektik des menschlichen Verstandes aufzubauen, führe mit Sicherheit zum Fichteschen Nihilismus.

Eine stärkere Betonung der sinnlichen Empfindung forderte auch *Johann Georg Hamman* (1730–1788), der darüber hinaus kritisch auf die Sprachgebundenheit und damit Geschichtlichkeit der Vernunft hinwies.

Für seinen Schüler *Johann Gottfried Herder* (1744–1803), einem der größten Anreger seiner Zeit, waren Fühlen und Erkennen sowie Wissen und Glauben eine unlösbare Einheit. Herder war vor allem von Werk und Person *Benjamin Franklins* (1706–1790) beeindruckt, desgleichen von Jean Jacques Rousseau, den er als seinen geistigen Führer bezeichnete. In seinem Optimismus, mit Hilfe vernünftiger Aufklärung eine humanere Zeit herbeiführen zu können, erwies er sich ganz als Kind seiner Zeit: "Europa wird gut machen, was es im Taumel der Leidenschaft, unter den Hüllen des Aberglaubens und der Barbarei, unter dem Joch der Vorurteile und des Despotismus böse gemacht hat."[86] Bereits bei Herder finden sich Ansätze zur Überwindung aufklärerischer Engstirnigkeit durch die Förderung geschichtlichen Denken, das darin bestand, alles aus dem organischen und historischen Lebensgrund heraus zu verstehen. Damit setzte Herder an die Stelle absoluter, meßbarer Normen die Mannigfaligkeit geschichtlich-nationaler Wirklichkeit. Er wandte sich der Erforschung von Volkstum und Volkscharakter zu und erkannte den poetischen Gehalt in Volksliedern und im Volksbrauchtum;

bekannt ist vor allem sein Sammelwerk "Stimmen der Völker in Liedern" (1778). Durch Herder fiel die Schranke zwischen Dichtung und Volk und damit die einseitige Ausrichtung der Kunst auf die vor allem griechische Klassik. Er überwand die Verachtung des einfachen Volkes durch die meisten Aufklärer, für die dieses Volk allenfalls Objekt von Erziehungsversuchen war. Selbst Rousseau hatte in seinem pädagogischen Roman "Emilie ou sur l'éducation" nur ein Erziehungsmodell für Fürstensöhne entworfen.

Der Mensch ist nach Herder "zur Humanität und Religion" bestimmt, während er die Menschheitsgeschichte als fortschreitende Entwicklung zur Humanität begriff. Soviel er auch zum Humanitätsgedanken der Klassik beigetragen hatte, so sehr wandte er sich gegen das klassische Bildungsideal Goethes und Schillers, "Geist und Kunst auf ihren höchsten Gipfel"[87] zu führen.

Auch für den Philosophen und Theologen *Ernst Schleiermacher* (1768–1834) gewinnen Anschauung und Gefühl große Bedeutung für das Wirklichkeitsverständnis des Menschen. Für ihn besteht die Religion im Gefühl der Abhängigkeit vom Absoluten, nachdem schon Hegel die Religion der Sphäre des Gefühls zugewiesen hatte (vgl. S. 58). Die Wahrheit spielt in dieser Auffassung von Religion keine Rolle mehr. Insbesondere werden die Dogmen des Christentums umgedeutet, z. B. der angebliche Zustand der Vollkommenheit vor dem Sündenfall als die Fähigkeit des Menschen zur Entwicklung. Die Erlösung bestehe darin, daß den Menschen das Gefühl seiner Göttlichkeit mehr und mehr durchdringe. Dahin zu streben, sei die sittliche Aufgabe des Menschen. Die Schleiermachersche Religionsphilosophie ist eine eigenartige Mischung rationalistischer und irrationalistischer Elemente, wie wir sie in neuester Zeit auch bei katholischen Denkern wir *Karl Rahner* wiederfinden: Auf der einen Seite wird die Religion in den positiven Wissenschaften (Anthropologie, Bibelkritik, historische Kritik, Soziologie) aufgelöst, auf der anderen Seite die preisgegebene Innerlichkeit durch eine existentialistische Haltung (Selbstverwirklichung, politisches und soziales Engagement) ersetzt.

Als Vollender der Humanitätsidee, die auf dem Bewußtsein der historisch-kulturellen Bezogenheit des Menschen gründet, gilt der Staatsmann und Philosoph *Wilhelm von Humboldt* (1767–1835), Bruder des Naturforschers Alexander von Humboldt, Freund Goethes und Schillers, Gründer der heute nach ihm benannten Berliner Universität (1819) und Neuordner des preußischen Schulwesens. Humboldt vertrat eine sehr moderne Auffassung vom Staat, durch die er nicht nur mit der damals herrschenden Hegelschen Philosophie, sondern auch mit der politischen Macht, vertreten durch den für das humanistische Bildungsideal an sich sehr aufgeschlossenen Staatskanzler von Hardenberg, in Konflikt geriet: Der Staat sollte die Freiheit der Bürger schützen und ihnen Hilfe zu ihrer Persönlichkeitsentfaltung bieten – ein Grundsatz, den wir im Bereich der christlichen Staatslehre als Subsidiaritätsprinzip kennengelernt haben (vgl. S. 33).

Das humanistische Menschenbild in der Dichtung: Lessing, Goethe und Schiller

Das humanistisch geprägte Welt- und Menschenbild in der Geistesgeschichte Deutschlands vor und um 1800 ist ohne den Verstandeskult der Aufklärung ebenso wenig denkbar wie ohne die mannigfaltigen Gegentendenzen, die eine Begrenzung des Menschen auf die Vernunft als seine einzige Qualität nicht hinnehmen wollten. Wieder, wie schon zur Zeit des Humanismus, wurde auf die Ideale der Antike zurückgegriffen.

Johann Joachim Winckelmann (1717–1768) erforschte als erster systematisch die antike Kunst. Sein durch persönliches Empfinden geprägtes und daher stilisiertes Bild der Antike gipfelt in dem Wort von der "edlen Einfalt und stillen Größe" der Alten, das für die Antikeauffassung dieser Epoche kennzeichnend blieb. Er gab mit seinen Interpretationen Anstöße zu einem neuen humanen Ideal, dem ruhigen, abgeklärten, in sich selbst ruhenden Menschen und regte die Zeitgenossen (Lessing, Herder, Goethe) zu einer neuen Betrachtungsweise der Antike an.

Beeinflußt durch Winckelmann, wenn auch in gewissem Gegensatz zu ihm, sah *Gotthold Ephraim Lessing* (1729–1781) das oberste **ethische Bildungsgesetz** im **Gesetze des Schönen,** wie er es z. B. in seiner Schrift "Laokoon oder über die Grenzen der Malerei und Poesie" (1766) zum Ausdruck brachte. Die Absicht Lessings war die Vollendung des Christentums in einer humanistischen Ethik, für die die dogmatischen Vorstellungen nur noch eine historische Rolle spielen dürfen. Die Vervollkommnung des einzelnen Individuums gipfelt in Menschlichkeit und Toleranz. In seinem Drama "Nathan der Weise" hat der Dichter diese Ideen künstlerisch gestaltet. Das Drama enthält die bekannte Ringparabel: Ein Mann hat einen wundertätigen Ring, der die Eigenschaft hat, seinen Träger Gott und den Menschen angenehm zu machen. Da er drei Söhne hat, die er alle in gleicher Weise liebt, weiß er nicht, welchem er nach seinem Tod den Ring hinterlassen soll. Er läßt deshalb zwei weitere Ringe anfertigen, die dem Wunderring völlig gleich sind, und gibt jedem Sohn einen Ring als den echten. Erst nach Generationen, durch die die drei Ringe weitervererbt worden sind, kommen die schließlichen Träger darauf, daß es drei Ringe gibt; jeder behauptet, seiner sei der echte.

Schließlich wenden sie sich an einen Richter, der folgenden Bescheid gibt: Da der Ring die Kraft hat, vor Gott und den Menschen angenehm zu machen, soll jeder so leben, daß er durch den Erfolg beweist, daß er der Besitzer des echten Ringes ist, "mit Sanftmut, mit herzlicher Verträglichkeit, mit Wohltun, mit innigster Ergebenheit in Gott" (III,7). Die drei Ringe symbolisieren die drei Religionen: Judentum, Christentum und Islam. Da der Sinn der Religionen nur in der Entfaltung der genannten Tugenden der Mitmenschlichkeit besteht, kann der Gebildete, der dieser Krücken nicht bedarf, auf irgend einen dogmatischen Glauben ganz verzichten. Ja Lessing geht noch weiter: Die Wahrheit ist für uns nicht einmal ein wünschenswertes Gut. Wir sollen zwar nach ihr streben, aber ohne Hoffnung und Absicht, sie wirklich zu erreichen: "Wenn Gott in seiner Rechten alle Wahrheit, und in seiner Linken den einzigen, immer regen Trieb nach Wahrheit, obschon mit dem Zusatze, mich immer und ewig zu irren, verschlossen hielte und spräche zu mir: wähle! Ich fiele ihm mit Demut in seine Linke und sagte; Vater gib! Die reine Wahrheit ist ja doch nur für dich allein!"[88]

Den künstlerischen Höhepunkt des Humanitätsideals des 18. Jahrhunderts bildet jedoch unangefochten das dichterische Werk der beiden deutschen Klassiker *Johann Wolfgang von Goethe* (1749–1832) und *Friedrich von Schiller* (1759–1805).

Schiller verband den ethischen Rigorismus Kants, den er eifrig studiert hatte, mit dem humanistischen Schönheitsideal. Im Erleben des Schönen erschließt sich dem Menschen die Idee der Freiheit; der sittliche Weg des Menschen führt über den ästhetischen zum moralischen Zustand.[89] Zu dieser ästhetisch-moralischen Erziehung ist nichts so geeignet wie das Theater, das für Schiller "eine moralische Anstalt" ist oder zu sein hat und das im sittlichen Interesse des Menschen den höchsten ästhetischen Ansprüchen genügen soll. Das ganze Schillersche Werk ist vom Ideal der Freiheit geprägt; besonders berühmt sind die Worte, die im "Don Carlos" der Marquis Posa an den spanischen König Philipp II. richtet: "Majestät, geben Sie Gedankenfreiheit!" In seiner bekannten Vorlesung "Die Gesetzgebung des Lykurgus und Solon", die er als Professor für Geschichte in Jena gehalten hat, vergleicht Schiller das athenische und das spartanische Gesetzgebungswerk und kommt zu dem Ergebnis, daß letztlich das erste von beiden den Vorzug verdient, da es wegen seiner größeren Menschlichkeit die nachhaltigere Wirkung hatte.

Auch wenn wir bei *Goethe* das sittliche Pathos Schillers vermissen, kommt doch in vielen seiner Werke eine ethische Haltung zum Ausdruck, die eindeutig einem Humanismus verpflichtet ist. Das gilt insbesondere für sein Drama "Iphigenie auf

Tauris", das ohne Zweifel das künstlerisch bedeutendste dem Humanismus zuzurechnende Werk der deutschen Klassik ist. Die erste (Prosa-)Fassung des Werkes stammt von 1779, die Versfassung hat Goethe 1786 in Rom ausgearbeitet. Den Stoff hat Goethe dem gleichnamigen Drama des Euripides entnommen und gemäß seines humanistischen Ideals bearbeitet.

Nach der antiken Sage wartet die griechische Flotte, die im Begriff ist, nach Troja zu segeln, um die Trojaner für den Raub der schönen Helena, der Frau des spartanischen Königs Menelaus, zu bestrafen, vergebens im Hafen von Aulis auf günstigen Wind. Der befragte Seher Kalchas teilt ihnen mit, daß die Göttin Artemis (Diana) erzürnt sei, da der griechische Oberfeldherr, der mykenische König Agamemnon, eine der Göttin heilige Hirschkuh auf der Jagd getötet habe. Zur Sühne verlange die Göttin das Opfer der jugendlichen Tochter des Königs, der anmutigen Iphigenie, die mit dem griechischen Helden Achill verlobt ist. Durch die Lüge, daß Achill nach seiner Braut verlange, lockt Agamemnon, bedrängt von den anderen Griechen, die Tochter mit der Mutter Klytämnestra ins Lager, um das Mädchen der Göttin opfern zu lassen. Iphigenie aber wird von der Göttin in Nebel gehüllt und nach Tauris an der pontischen Küste entführt, wo diese ein Heiligtum besitzt.
Der dortige Könige Thoas bestimmt sie zur Priesterin der Göttin Artemis; auf ihre Bitten hin verzichtet er auf den grausamen Brauch, schiffbrüchige Fremdlinge, die an die Küste kommen, der Göttin zu opfern. Inzwischen ist nach zehnjährigem Kampf der Krieg beendet und Troja zerstört. Klytämnestra, die sich mit Ägisth verbunden hat, empfängt den Gemahl mit falscher Freundlichkeit. In Wirklichkeit ist sie voller Haß auf ihn wegen des vermeintlichen Todes ihrer Tochter Iphigenie. Zusammen mit ihrem Buhlen überfällt sie ihn im Bad und ermordet ihn mit einem Beil. Ihr Sohn Orestes, in der Fremde aufgewachsen, glaubt, seinen Vater rächen zu müssen. Er kehrt zurück und ermordete die Mutter mit ihrem jetzigen Mann. Aber die Erynnien (Rachegöttinnen) verfolgen ihn wegen dieses Muttermordes und treiben ihn in den Wahnsinn. Den ruhelos von Ort zu Ort Ziehenden begleitet sein Freund Pylades, der sich an das Orakel des Gottes Apollo mit der Frage wendet, welche Sühne Orest leisten müsse, um die Götter zu versöhnen. Die Antwort ist, er solle die Schwester aus Tauris zurückholen. Die Freunde, die vom Aufenthalt der Iphigenie auf Tauris nichts wissen können, meinen, es handle sich um die in Tauris verehrte Göttin Artemis, die Schwester des Apollo, deren Bildnis sie von dort entführen sollen.

Mit ihrem Versuch, diesen Vorsatz auszuführen, beginnt das Drama. Sie werden gefangen. König Thoas, der eben um Iphigeniens Hand geworben hat und von ihr abgewiesen worden ist, will die Menschenopfer wieder aufnehmen; die gefangenen Fremdlinge sollen die ersten Opfer sein. Im Gespräch mit ihnen erkennt Iphigenie, daß es sich um ihren Bruder und seinen Freund handelt. Sie erfährt erschüttert von den neuesten Greueln in ihrer von Tantalus abstammenden Familie und dem Tode ihres Vaters. Ein Versuch der drei, zusammen zu fliehen, mißlingt; der König drängt auf den Vollzug des Opfers. Da offenbart sie sich dem König. Es wird allen Beteiligten klar, daß mit der Schwester, die entführt werden soll, Iphigenie selbst gemeint ist. Widerwillig läßt der König die drei Griechen ziehen. Doch Iphigenie will ihn nicht im Zorn zurücklassen. Sie bittet ihn zum Abschied um seinen Segen, den er ihnen schließlich nicht verweigert. Dieser menschlich versöhnende "Beschluß krönt das ganze Stück und läßt einen tiefen Nachhall in der Seele zurück"[90].

Den tiefsten Sinn seines Dramas hat der Dichter selbst mit den Worten formuliert: "Alle menschlichen Gebrechen sühnet reine Menschlichkeit."[91] Es ist für Goethes Auffassung bezeichnend, daß der ruhende Pol gegenüber den immer leidenschaftlich handelnden und in ihrer Leidenschaft schuldig werdenden Männern eine Frau ist, Iphigenie, die Repräsentantin der reinen und schließlich siegenden Menschlichkeit. Für Goethe wie für Schiller wirkt das Weibliche veredelnd (vgl. Schillers Gedicht "Würde der Frauen"). Die Veredelung ist aber auch der letzte Sinn der Kunst, weshalb sich das Weibliche und das Ästhetische im Erotischen vereinen, "denn das Naturell der Frauen ist so nah mit Kunst verwandt" (Faust II. 1. Akt). Die Bedeutung des Weiblichen geht aber weit über das Erotische hinaus. In Goethes Altersroman "Wilhelm Meisters Wanderjahre" ist es Makarie, eine schon alte Frau, die in mystischer Einheit mit der Weltseele lebt, und die Männer tun gut daran, wenn sie ihren Ratschlägen folgen. Die Faustdichtung schließt mit den Worten: "Das ewig Weibliche zieht uns hinan". Letzte Vollendung und Erlösung liegt nicht in männlicher Aktivität, sondern in der weiblichen Hingabe und in der Hingabe an das Weibliche.

Ohne Zweifel fand das humanistische Menschlichkeitsideal in Goethes "Iphigenie" seinen edelsten und schlechterdings unübertrefflichen Ausdruck. Gleichzeitig erkennt man aber die unüberbrückbare Kluft zum christlichen Erlösungsgedanken. Dem Christentum genügt nicht die "reine Menschlichkeit", die es aufgrund des Sündenfalls gar nicht mehr gibt; die Vermittlung und Erlösung müssen von oben her kommen, von Gott her. Das Christentum ist seinem Wesen nach transzendent, der Humanismus immanent.

Nicht in gleicher Weise wie das besprochene Drama kann man Goethes Faustdichtung, die bedeutendste Dichtung in deutscher Sprache überhaupt, dem Humanismus zurechnen. Zwar fehlt es auch hier nicht an Stellen, die einem humanistischen Immanentismus entsprechen. Gleich ziemlich am Anfang sagt Faust: "Das Drüber kann mich wenig kümmern", und im letzten Akt des 2. Teiles, den Goethe gegen Schluß seines Lebens vollendet hat, heißt es:

> "Nach drüben ist die Aussicht uns verrannt;
> Tor, wer dorthin die Augen blinzelnd richtet,
> Sich über Wolken seinesgleichen dichtet!
> Er stehe fest und sehe hier sich um;
> Dem Tüchtigen ist diese Welt nicht stumm."

Und doch singt in der Grablegungsszene der Engelchor:

> "Wer immer strebend sich bemüht,
> Den können wir erlösen.
> Und hat an ihm die Liebe gar
> Von oben teilgenommen,
> Begegnet ihm die selige Schar
> mit herzlichem Willkommen."

Fausts Rettung wird schließlich durch die Erscheinung der Himmelskönigin vollendet und besiegelt.

Es sei auch noch auf die unvollendet gebliebene epische Dichtung "Die Geheimnisse" verwiesen, in denen der Dichter humanistische und neognostische (nämlich rosenkreuzerische) Ideen verschmolzen hat: Ein Bruder Markus kommt auf einer beschwerlichen Wanderung in ein idyllisches Tal, in dem er ein Kloster vorfindet. Dort wird er freundlich aufgenommen; doch trifft er auf eine elegische Stimmung, da der Gründer und Abt des Klosters eben am Scheiden ist. Seine Name ist Humanus: "Humanus heißt der Heilige, der Weise/Der beste Mann, den ich mit Augen sah." Mittelpunkt des Klosters ist ein mit Rosen umwundenes Kreuz, Symbol für die Goethe vorschwebende Verbindung von Christentum und Humanismus, von Selbstüberwindung und Daseinsfreude.

Schopenhauers irrationalistischer Idealismus

Eine ganz bewußte Wende in einen irrationalen Seinsgrund stellt die Philosophie *Arthur Schopenhauers* dar. (Er selbst verstand sich allerdings als Rationalist.) Schopenhauer ist 1788 in Danzig geboren, 1860 in Frankfurt am Main gestorben. Eine psychologische Deutung seiner (frauenfeindlichen) Philosophie wird nicht zuletzt durch die Tatsache veranlaßt, daß er zu seiner Mutter Johanna Schopenhauer, der Verfasserin ehemals viel gelesener und heute vergessener Romane, ein ausgesprochen schlechtes Verhältnis hatte.

Kant hatte vom Ding an sich gesprochen, das, grundsätzlich unerkennbar, doch allen Phänomenen zugrunde liege. Schopenhauer glaubt nun in bewußter Distanzierung von Hegel, dieses Ding an sich mit einem blinden, chaotischen **Urwillen** identifizieren zu müssen.

Die ganze Welt ist nur bloße **Vorstellung,** Objektivation eines einheitlichen Grundwillens (in Kants Terminologie des unerkennbaren Dings an sich), der auch schon in der unbelebten Natur als dumpfer Drang nach Gestaltung wirke. In höherer Weise objektiviert sich der Grundwillen in den Pflanzen, den Tieren und schließlich den Menschen. Ursprünglicher Sinn der Erkenntnis ist es, dem dumpfen und für sich bewußtlosen Drang nach Gestaltung dienstbar zu sein. Doch indem sich die Vernunft von der Sklaverei des Willens losreißt, leuchtet ihr die Idee auf. Der Mensch erkennt in der Idee, daß die Welt so schlecht wie möglich ist. Die Welt ist etwas, "das nicht sein sollte". Schopenhauers Lehre ist also Pessimismus[92]. Das Leben selbst ist stetes, unabwendbares Leiden. Der Grund des Leidens ist der Wille zum Leben, zur Gestaltung, zur Macht, die Tendenz also, die besondere Objektivation des Urwillens, die unser Ich ist, gegen diesen Urwillen zu behaupten. Da dieser Wille aber nie befriedigt werden kann und daher immer mit Unlust verbunden ist, erscheint alles Leben als Leid.

Das Leiden des Daseins läßt sich nur überwinden, indem man den Willen von innen her zum Schweigen bringt. Dies ist vorübergehend durch ästhetische Betrachtungen (Kunstgenuß) möglich, letztendlich aber nur durch die Verneinung aller vitalen Bedürfnisse, Neigungen und Triebe: die **Askese**. Die Idee der Askese als eines Mittels, das Leid der Welt zu überwinden, hat Schopenhauer vom Buddhismus übernommen. Schopenhauers Askese ist der christlichen Askese entgegengesetzt, die niemals Selbstzweck sein will, sondern den Geist für den Zuspruch der göttlichen Gnade frei machen soll. Selbstmord hingegen wäre nach Schopenhauer kein geeignetes Mittel, dem Leiden zu entfliehen, denn er würde nur die jeweils besondere Form des Willens zerstören, nicht jedoch diesen selbst. Von den östlichen Religionen hat er die Palingenese (Lehre von der Seelenwanderung) übernommen.

Die ethischen Vorstellungen Schopenhauers lassen sich vor dem Hintergrund seiner pessimistischen Weltanschauung nur als Verminderung der unvermeidlichen Daseinsqualen beschreiben: Da alles Leben Leiden ist, gilt es, nicht nur die eigenen Schmerzen, sondern auch die der Mitmenschen zu lindern. Damit wird menschliches Mitleid zur Grundlage sittlichen Handelns.

Der Schopenhauersche **Pessimismus** kam, wie es scheint, geradezu einem Zeitbedürfnis entgegen und löste die Hegelsche Philosophie als Modephilosophie ab. Die Selbstgenügsamkeit des Biedermeier in einer verhältnismäßig friedlichen Epoche der europäischen Geschichte stellte sich in Form dieser pessimistischen Weltanschauung selbst in Frage. Auch der brillante, nicht allzu anspruchsvolle Stil Schopenhauers, voller treffender psychologischer Betrachtungen, trug ohne Zweifel dazu bei, daß diese eigenwillige Deutung menschlichen Leidens populär wurde und nicht zuletzt auch das Kunstschaffen der Epoche nachhaltig beeinflußte.

Der bedeutendste Künstler, der ganz bewußt unter dem Einfluß Schopenhauers gewirkt hat, ist *Richard Wagner* (1813–1883), der Vollender der romantischen Oper. Viele seiner Opern atmen den Geist des Schopenhauerschen Pessimismus, z. B. "Der fliegende Holländer" (1841) und "Tristan und Isolde" (1859). In ersterer hat er Motive aus einer Erzählung Heinrich Heines innerhalb der humoristisch-satirischen Erzählung "Memoiren des Herrn von Schnabelewopski" verwertet: Der "fliegende Holländer" ist ein alter Kapitän, der wegen seiner Ruchlosigkeit verwünscht ist, ruhelos auf dem Meere herumzusegeln, bis er durch ein Mädchen, das bereit ist, ihm bis in den Tod die Treue zu halten, erlöst wird. Dieses Mädchen findet er (nach Wagner) in der norwegischen Kapitänstochter Senta, die ihm von einem Felsen herunter ins Meer nachstürzt, als er, an Mädchentreue verzweifelnd, im Begriffe ist, vor ihr zu fliehen. Im Augenblick dieses Opfers finden beide Erlösung im Tode.

Noch bewußter durch die Schopenhauersche Philosophie motiviert war Wagner bei der Abfassung der zweiten der genannten Opern: "Tristan und Isolde", deren Stoff er dem gleichnamigen Epos des mittelalterlichen Dichters *Gottfried von Straßburg* verdankt. Auch hier schließt die sehr verwickelte Handlung mit dem Tod der beiden Liebenden. Isolde kommt zu spät zu ihrem Geliebten, der sich noch im Sterben nach ihr gesehnt hat, und stirbt nun selbst den Liebestod, in dem sie die Erlösung ihrer Sehnsucht und ihres Leidens findet. Ihr Sterben löst sich in den Klängen der Musik auf. Die seelische Verwandtschaft Schopenhauers und Wagners zeigt sich nicht zuletzt darin, daß beide Meister der psychologischen Charakterisierung waren, wie Schopenhauer durch die Sprache des Wortes, so Wagner durch die Sprache der Musik.

Auch viele Dichter des 19. und frühen 20. Jahrhunderts waren vom Schopenhauerschen Pessimismus beeinflußt. Genannt sei hier nur der Romancier *Wilhelm Raabe* ("Abu Telfan", "Der Hungerpastor"); aber auch die Bildgeschichten *Wilhelm Buschs* sind nur vordergründig lustig, in Wirklichkeit aber von einer tiefen an Schopenhauer gemahnenden Melancholie durchzogen.

Selbstverständlich hatte Schopenhauer auch seine philosophischen Epigonen. Von nachhaltiger Bedeutung war *Eduard von Hartmann* (1842–1906), der Entdecker des Unbewußten, der das Unbewußte an die Stelle des dumpfen Urwillens setzte und es damit zum wahren Absoluten erhob. Für die spätere Entwicklung sehr viel einflußreicher wurde aber ein anderer Schopenhauerepigone: Friedrich Nietzsche (vgl. S. 76 ff.).

Das 19. Jahrhundert

Das 19. Jahrhundert ist politisch durch das Streben zur Nationalsstaatlichkeit und gesellschaftlich durch die Forderungen des Liberalismus nach Verwirklichung der individuellen Freiheit im Sinne der Menschenrechte und nach einer freien Wirtschaftsordnung unter dem Primat der Vernunft geprägt. Gegen die mit dem Liberalismus sich etablierende kapitalistische Grundordnung wendet sich der Sozialismus, der eine Gesellschafts- und Eigentumsordnung anstrebt, die Wohlstand und Gleichberechtigung auch der sozial schwächeren Bevölkerungsschichten zu gewährleisten vermag.

Weiterhin bestimmend für das geistige Klima dieser Zeit ist die Entwicklung der Naturwissenschaften und Technik, deren Denken und Methoden maßgeblichen Einfluß auf die Philosophie und damit auch auf die Wertmaßstäbe menschlichen Urteilens nehmen. Die nach dem Tod Hegels (1831) einsetzende Idealismuskritik hat viele Facetten: den Materialismus Marx' und Engels, den Positivismus mit seinem Utilitarismus bei Comtes und Mill sowie die Geschichtlichkeit menschlicher Schöpfungen bei Dilthey.

Vom Idealismus zum Materialismus: Marx und Engels

Karl Marx (1818–1883) zeichnete sich schon als Gymnasiast und als angehender Student sowohl durch eine hervorragende Begabung wie durch tiefe Religiosität aus. (Die Familie war zwei Jahre vor Karls Geburt vom Judentum zum Protestantismus übergetreten.) Seine Erstlingsschrift hat den Titel "Die Vereinigung der Gläubigen mit Christo". Aber schon in seinen ersten Studiensemestern – er studierte in Berlin und Jena – verwandelte sich seine Religiosität in Gotteshaß, der sich in einer Anzahl von Gedichten aus dieser Zeit niederschlug:

> "Der tiefe Schwaden steigen in mir bis auf ins Gehirn,
> Sie erfüllen es, bis daß ich verrückt werden und
> Mein Herz völlig verwandelt wird.
> Betrachte dieses Schwert: Der Fürst der Finsternisse
> Hat es mir verkauft."[93]

In Berlin lernte er die Philosophie Hegels kennen, die zur konzeptionellen Grundlage seines eigenen Denkens wurde. Marx unterschied sich jedoch insofern von Hegel, als er die reale sinnliche Wirklichkeit nicht als bloße Erscheinung einer dahinterstehenden geistigen Wirklichkeit verstanden wissen wollte. Er weist den materiellen Gegebenheiten vielmehr eine zentrale Bedeutung zu und macht sie zum Ausgangspunkt seiner Kritik am Bestehenden. Eine wichtige Weichenstellung in dieser Hinsicht war zum einen die Bekanntschaft mit Moses Heß (1841), der ihn für soziale Ideen begeisterte, und zum anderen das Studium der Religionsphilosophie *Ludwig Feuerbachs* (1804–1872), des bedeutendsten Linkshegelianers, der in seinem Werk "Das Wesen des Christentums" (1841) die Religion auf ihre anthropologischen Grundlagen zurückführen wollte und damit das sinnliche Einzelwesen für das eigentlich Wirkliche erklärte. An seinem Denkmal in Nürnberg steht sein berühmter Ausspruch: "Der Mensch schuf sich Gott nach seinem Bild und Gleichnis." Danach ist Gott eine Wunschidee, in welcher der Mensch alle denkbaren Vollkommenheiten, die ihm selbst nur mangelhaft zugänglich sind, zusammengetragen hat.

In dem Industriellen *Friedrich Engels* (1820–1895) fand Marx einen ergebenen Freund und Mitarbeiter, der ihm durch seinen Reichtum auch das Wohlleben finanzierte, das er, ähnlich wie Schopenhauer, überaus liebte. Stationen auf dem Wege der Entwicklung zum Kommunismus waren das "Manifest der kommunistischen Partei", das er zusammen mit Engels in den Jahren 1847 und 1848 ausarbeitete, und sein volkswirtschaftliches Hauptwerk "Das Kapital" (1867), das er nicht mehr vollenden konnte und von dem schon Benedikt Kautsky (der Sohn Karl Kautskys) bedauerte, daß es so wenig gelesen werde.[94]

Marx' Weltanschauung ist der **dialektische Materialismus** (Diamat) bzw. seine Anwendung auf die Geschichte der menschlichen Gesellschaft als **historischer Materialismus** (Histomat). Der dialektische Materialismus unterscheidet sich vom gleichzeitigen Materialismus Ludwig Büchners, Jakob Moleschotts u. a., die Engels verächtlich als "Reiseprediger des Materialismus" verspotteten, durch die von Hegel übernommene Dialektik. Er besteht im wesentlichen in der Beschreibung der vom menschlichen Geist unabhängigen Entwicklung der Materie, wobei von der These ausgegangen wird, daß eine stetige Änderung der Quantität schließlich in eine Änderung der Qualität umschlägt. Diese Änderungen erfolgen nicht immer harmonisch, sondern in "dialektischen Sprüngen" mit z. T. katastrophaler Wirkung.

Durch die kritische Beschäftigung mit der klassischen Nationalökonomie (Adam Smith und David Ricardo) und dem Frühsozialismus (Saint-Simon und Fourier) stellt Marx den historischen Materialismus als Sonderform des dialektischen auf eine neue ökonomische Basis. Die menschliche Geschichte ist demnach eine Geschichte von Klassenkämpfen, d. h. eine Geschichte von sich im Widerspruch befindlichen gesellschaftlichen Gruppen, die sich in Revolutionen entladen und neue gesellschaftliche Formen hervorbringen. Diese Widersprüche haben ihre Ursache in der Entwicklung der Produktionsverhältnisse, in deren Verlauf eine Klasse Arbeitender und eine Klasse Profitierender entsteht. Ziel und Ende dieser dialektischen Entwicklung der Gesellschaft ist die Revolution, aus der die Herrschaft des Proletariats hervorgeht, mit der die Aufhebung der Klassen und des Privateigentums verbunden ist. Die damit einhergehende Aufhebung der Entfremdung des Menschen in der Arbeit macht ihn frei und Selbstverwirklichung möglich. Freiheit ist jedoch nichts Individuelles, sondern ein Zustand in der Entwicklung der Gesellschaft. Erst unter diesen Bedingungen kann sich der Mensch" 'sein allseitiges Wesen auf eine allseitige Art', d. h. 'als ein totaler Mensch' aneignen, kann er den ganzen Reichtum seines Wesens entwickeln."[95] Marx nennt diesen Zusatnd Kommunismus.

Der Marxismus versteht sich als die einzige konsequent mögliche Form des Humanismus. Nur in der kommunistischen Gesellschaft überwindet der Mensch die Entfremdung von seinem eigentlichen Wesen, vom wahren Humanum. Auch gibt es nur innerhalb des Kommunismus' eine humane Technik und Zivilisation. Der autonome Mensch erhebt sich im Kommunismus zu seinem wahren Wesen. Der Histomat stellt, wie seinerzeit die Fichtesche Ideologie, eine ins Diesseitige verlagerte Eschatologie dar, wie sie sich in folgenden in kommunistischen Schulbüchern häufig zitierten Versen Heinrich Heines ausdrückt:

"Ein kleines Harfenmädchen sang.
(...)
Sie sang das alte Entsagungslied,
Das Eiapopeia vom Himmel,
Womit man einlullt, wenn es greint,
Das Volk, den großen Lümmel.
Ich kenne die Weise, ich kenne den Text,
Ich kenn' auch die Herren Verfasser;
Ich weiß, sie tranken heimlich Wein
Und predigten öffentlich Wasser.
Ein neues Lied, ein besseres Lied,
O Freunde, will ich euch dichten!
Wir wollen hier auf Erden schon
Das Himmelreich errichten.
Wir wollen auf Erden glücklich sein,
Und wollen nicht länger darben;
Verschlemmen soll nicht der faule Bauch,
Was fleißige Hände erwarben.
Es wächst hienieden Brot genug
Für alle Menschenkinder,
Auch Rosen und Myrten, Schönheit und Lust,

Und Zuckererbsen nicht minder.
Ja, Zuckererbsen für Jedermann,
sobald die Schoten platzen!
Den Himmel überlassen wir
den Engeln und den Spatzen."[96]

Tatsächlich kann man den Sozialismus als Versuch der Vollendung des Humanismus betrachten. Wie weit jedoch die Wirklichkeit des Marxismus-Leninismus vom Marxschen Ideal entfernt ist, ist nur allzu bekannt. Diese Form des Kollektivismus in Gestalt des realexistierenden Sozialismus kennt nur Freund oder Feind. Was vom "Klassenfeind" kommt, ist von vornherein nur "heuchlerisch", z. B. die Einladung zur "Teilnahme an der Natur und den Werten der Kultur"[97]. Gegen den Klassenfeind – und das ist grundsätzlich jeder Nichtkommunist, auch wenn er Proletarier ist – gibt es weder eine Verpflichtung zur Menschlichkeit noch zur Wahrhaftigkeit (vgl. auch S. 81 ff.)

Leben als philosophisches Problem: Nietzsche

Friedrich Nietzsche ist im Jahre 1844 in Röcken bei Lützen als Sohn eines Pfarrers geboren. Da der Vater bald starb, war die feinsinnige Mutter die Erzieherin und nach seiner Geisteserkrankung die Pflegerin Friedrichs. Der hochbegabte Junge begann schon mit zehn Jahren zu komponieren. Mit zwanzig bezog er die Universität in Bonn, die er bald mit der Universität in Leipzig vertauschte. Nach Abschluß seiner Studien in Leipzig machte er das "Einjährige"[98] und wurde bereits 1869, als erst 25jähriger, an die Universität Basel als Professor für klassische Philologie berufen. Einen ersten gesundheitlichen Zusammenbruch, der zu seiner Entpflichtung als Professor führte, erlitt er 1879. Es folgen Jahre eines unsteten Reiselebens, vor allem in die Schweiz, nach Südfrankreich (Nizza) und Italien. Im Januar 1889 erfolgte in Turin der endgültige gesundheitliche Zusammenbruch, den ein Schockerlebnis auslöste: Nietzsche wurde Zeuge, wie ein Fuhrmann sein Pferd auf grausame Weise prügelte. Er blieb von da an in geistiger Umnachtung. Nach erfolgloser Behandlung in mehreren Irrenhäusern kam er in die Fürsorge seiner Mutter bis zu deren Tod im Jahre 1897. Danach übernahm die ehrgeizige und geschäftstüchtige Schwester Elisabeth, verheiratete Förster-Nietzsche, die Pflege bis zu Friedrichs Tod im Jahre 1900.

Nietzsche war ein Verächter jeder systematischen Philosophie, da sie seiner Meinung nach das Leben in keiner Weise berücksichtigte. So ist auch sein Denken systematisch nicht zu fassen; er gilt als der große Aphoristiker unter den

Philosophen. Für ihn wird das Leben zum eigentlichen Wirklichkeitsprinzip, von dem der Geist in jeder Form abhängt. Sein Denken ist beeinflußt von der Antike, der Willensmetaphysik Schopenhauers, der Musik und Musiktheorie Richard Wagners sowie dem Kampf-ums-Dasein-Prinzip des Darwinismus. Es läßt sich anhand seiner wichtigsten Werke in drei Phasen einteilen, wenngleich sich diese zum Teil auch überschneiden.

Erste Periode (1869–1879):
"Die Geburt der Tragödie aus dem Geist der Musik" (1871) spiegelt Nietzsches erste philosophisch-weltanschauliche Orientierung wider: Die griechische Tragödie vereinigt für ihn die ursprünglichen Weltkräfte, das Apollinische (das Ausgeglichene, Maßvolle) und das Dionysische (das Rauschhafte, Schöpferische) in sich. Mit dem Untergang der Tragödie beginnt die lebensfremde, rationale griechische Philosophie, die er in Sokrates verkörpert sieht. Eine Wiederbelebung dieser tragischen Kultur erhoffte sich Nietzsche vom Musiktheater Richard Wagners, in dem er das Tragisch-Dynamische des Dionysischen verwirklicht sah. Ihm, den er zu dieser Zeit stark verehrte, widmete er auch eine seiner "Unzeitgemäßen Betrachtungen" (1873–1876), ebenfalls Schopenhauer, den er als "Erzieher", überhaupt als einzigen nennenswerten deutschen Philosophen des 19. Jahrhunderts, ansah.[99]

Zweite Periode (1876–1882):
Nach dem Bruch mit Wagner (1878) – ausgelöst durch dessen Hinwendung zum Christentum im "Parsifal" –, mit dem auch die Distanzierung von Schopenhauers Philosophie einherging, beginnt die Phase der Selbstkritik seiner frühen idealistischen Positionen und die Entwicklung seiner kritischen Moralphilosophie, die u. a. in den Werken "Menschliches, Allzumenschliches" (1878) und "Morgenröte, Gedanken über die moralischen Vorurteile" (1881) ihren Ausdruck finden. Nietzsche wendet sich darin dem menschlichen Verhalten zu, das er auf die naturhafte Triebhaftigkeit und seine sozial bedingten Maskierungen zurückführt. Er zweifelt eine objektive Begründung von Moral aus Gründen ihrer geschichtlichen und sozialen Relativität an und entlarvt so u. a. traditionell-christliche Werte wie Mitleid und Nächstenliebe als Selbschutz und Selbstliebe.

Dritte Periode (1883–1888):
Mit "Also sprach Zarathustra" (1883–1885), Nietzsches "dichterischem Zwischenspiel", in dem er die problematische Stellung des Menschen zwischen Tier und Übermensch thematisiert, mit "Jenseits von Gut und Böse" (1886) und "Zur

Genealogie der Moral" (1887) sowie dem "Antichrist, Versuch einer Kritik des Christentums" (1888) erreicht Nietzsches Philosophie ihren Höhepunkt.
Das Ideal vom **"Übermenschen"** entsprach seiner dionysischen Vision: Mit aller (auch sprachlich-pathetischen) Macht kehrte er den Schopenhauerschen Pessimismus der Lebensverneinung in einen trotzigen Optimismus der Lebensbejahung um, dessen Verwirklichung einzig dem "dionysischen Jasager zum Leben", dem "Übermenschen", der nach Stärke, Vitalität und Macht strebt, möglich ist. Ihm stehen die Herdenmenschen gegenüber, die in ihrem von traditionellen Werten geprägten und nach Kant dekadenten, das heißt dem Verfall anheimgegebenen Leben verharren.
Nietzsches Zarathustra ist von seinem Urheber bewußt als Gegensatz zu Christus gebildet worden, er selbst ist der Antichrist, der in der christlichen Vorstellung am Ende der Zeiten auftritt. Er spiegelt in seinem Leben das Leben Christi und pervertiert in seiner Lehre die Lehre Christi.[100] Wie Christus soll er im Alter von 30 Jahren öffentlich zu wirken beginnen. Das Werk beginnt mit den Worten: "Als Zarathustra dreißig Jahre alt war ...".
Ein weiterer zentraler Begriff bei Nietzsche ist der **"Wille zur Macht"**, der sich als Wille zur Selbsterhaltung und Steigerung des Lebensgefühls ausdrückt und menschliches Handeln bestimmt. Im Gegensatz zu Schopenhauer ist dieser bei Nietzsche nicht "blind", sondern zielgerichtet ist; er ist das alles durchwaltende Lebensprinzip.
Auf dieser weltanschaulichen Grundlage erfolgt die **"Umwertung aller Werte"**, nach der die Bewertung einer Handlung nach den Kriterien gut und böse nur noch aufgrund ihres Nutzens für die Vitalität und den Machtgewinn erfolgt:

> "Was ist gut? – Alles, was das Gefühl der Macht, den Willen
> zur Macht, die Macht selbst im Menschen erhöht.
> Was ist schlecht? – Alles, was aus der Schwäche stammt.
> Was ist Glück? – Das Gefühl davon, daß die Macht wächst,
> und daß ein Widerstand überwunden wird.
> Nicht Zufriedenheit, sondern mehr Macht;
> nicht Friede überhaupt, sondern Krieg;
> nicht Tugend, sondern Tüchtigkeit."

Wie eingangs schon erwähnt, kann von einem philosophischen System bei Nietzsche nicht die Rede sein. Sein aphoristisches Denken ist zutiefst psychologisch begründet: das Streben eines genialen Geistes über die von der Natur durch eine zarte Gesundheit und übergroße seelische Verletzlichkeit gezogenen engen Grenzen hinaus. "Nietzsche wird das Tal und der See, der Fels und das Klima [...] Anlaß, sich die Natur seiner selbst zum Sonnensystem werden zu lassen."[101] Dabei ist die Wahrheit für ihn gar kein Problem, denn es geht ihm nicht um "Wahrheit, sondern Bedeutsamkeit"[102]. Verfehlt und fast durch jede Seite des Nietzscheschen Werkes zu widerlegen, ist jedenfalls die allzu biedermeierliche Deutung, Nietzsche habe mit seiner Lehre vom Übermenschen nur der Lebensbejahung Ausdruck verleihen wollen.[103]

Mit der von Kaulbach charakterisierten Haltung "Bedeutsamkeit statt Wahrheit" könnte man Nietzsche als den ersten Existentialisten bezeichnen, was auch zum Teil seine ungeheure Wirkung erklärt. Ein weiterer Grund dafür liegt sicherlich in seiner blendenden, bilderreichen und von visionärem Pathos durchdrungenen Sprache, mit der er als Prophet einer neuen Zeit auftritt, vor dem das Buch der Zukunft offen aufgeschlagen liegt. Offenbar war es für diese Wirkung unerheblich, daß er voller Verachtung für das wilhelminische Deutschland war. In der Zeit des Imperialismus und des hybriden Nationalismus gab es allzu viele, die sich als kleine Übermenschen fühlen zu dürfen glaubten – wenn schon nicht aufgrund ihrer beengten sozialen Verhältnisse, so doch aufgrund der vermeintlichen Überlegenheit ihres Volkes gegenüber der übrigen Menschheit. So ist es auch zu erklären, daß Nietzsches "Zarathustra" zum Tornistergepäck hunderttausender deutscher Soldaten im Ersten Weltkrieg gehörte. Ebensowenig erstaunt es, daß sich Adolf Hitler gleichzeitig als welthistorische Persönlichkeit im Sinne Hegels und als Übermenschen im Sinne Nietzsches feiern ließ.

Das 20. Jahrhundert

Nietzsches Denken an der Schwelle vom 19. zum 20. Jahrhundert birgt bereits das Krisenbewußtsein der folgenden Jahrzehnte in sich. Sein **Nihihlismus**-Begriff als Ausdruck eines von Schwäche und Ohnmacht gekennzeichneten menschlichen Bewußtseins, das den Glauben an eine sinngebundene Einheit des Daseins verloren hat, findet sich später z. B. bei Camus als die existentielle Erfahrung des Absurden wieder, die charakteristisch für den modernen Menschen des 20. Jahrhunderts werden sollte.

Absurdität als Lebensgefühl des 20. Jahrhunderts

Es war vor allem *Albert Camus* (1913–1960), der das Absurde ins Gespräch gebracht hat. Sein Thema ist "Der Mythos von Sisyphos" (1942), in dem sich die Erfahrung des Absurden als unüberbrückbare Kluft zwischen Ich und Welt manifestiert. Das Absurde des menschlichen Lebens besteht darin, daß der Mensch eine unstillbare Sehnsucht nach Einheit und Sinnerfüllung in sich trägt, die die Welt mit ihrer Realität jedoch nicht erfüllen kann, ja sogar verneint. Diese Sinn- und Hoffnungslosigkeit entzieht sich der Ergründung durch rationale Mittel, sie muß schlicht hingenommen werden.

Die Grundlegung der Absurdität menschlichen Daseins impliziert den völligen Verzicht auf eine metaphysische Sinngebung und damit auch auf ein jenseitiges Leben. Der Mensch ist aufgefordert, sich im Gegebenen einzurichten und daraus zu schöpfen, wie es auch Sisyphos, der Held des Absurden, tut: Ihm wurde zur Strafe für seine Mißachtung der Götter eine nicht endende, sinnlose Aufgabe gestellt. Doch im Moment des Bewußtseins dieser Sinnlosigkeit erscheint der Mensch seinem Schicksal überlegen. In der Auflehnung gegen die Absurdität (Revolte) wird das Leben an sich zum einzigen gültigen und nicht negierbaren Wert. Dabei erkennt der einzelne, daß er sein Schicksal mit anderen teilt, was der Grundstock für eine solidarische Beziehung zum Mitmenschen wird.

Wenn sich der Mensch im Laufe seiner Auflehnung gegen das Absurde opfert, so nur zugunsten eines über sein eigenes Schicksal hinausweisenden Gutes, wie z. B. der Freiheit, die auch im Märchen "Der kleine Prinz" des mit Camus geistesverwandten *Antoine de Saint-Exupéry* eine wichtige Rolle spielt: Der Titelheld lebt in einer absurden Umwelt, in der jeder Mensch auf seinem eigenen isolierten Planeten mit borniertestem Ernst sein sinnloses Leben führt. Durch eine gewisse kindliche Innerlichkeit erlangt er schließlich in dem von ihm ersehnten und selbst herbeigeführten Tod durch den Biß einer Schlange die Freiheit. Hier steht der Tod für die Befreiung von einem durch Einsamkeit und damit völliger Sinnlosigkeit bestimmten Dasein.

Die **Freiheit** steht auch im Mittelpunkt des Denkens von *Jean-Paul Sartre* (1905–1980). Sie ist beim ihm die eigentliche Seinsverfassung des Menschen, der zur Freiheit verurteilt ist, was bedeutet, daß er gar nicht anders kann, als sich selbst zu verwirklichen. Freiheit bedeutet aber auch Unbestimmtheit, die sich wiederum in der Angst ausdrückt, die der Mensch als auf das Nichts gestellt erfährt. Es gibt keinen Sinn des Seins, und selbst die Freiheit ist absurd; denn es wird nicht gefragt, wie die Freiheit möglich ist und wozu wir frei sein sollen. Freiheit erscheint bei Sartre als irrationaler Seinsgrund, der an die Stelle des Schopenhauerschen Urwillens tritt, wie denn überhaupt der Existentialismus bei Sartre und Heidegger, bei letzterem manchmal bis in die Diktion hinein, eine starke Affinität zu Schopenhauer besitzt. "Dieser Existentialismus ist pessimistisch, immanentistisch und atheistisch."[104] Die völlige Sinnleere kann, bei Sartre ähnlich wie bei Camus, in der dynamischen Hinwendung zur Welt (im sozialen Handeln) zum Ursprung einer neu gearteten Sinnerfüllung der Existenz werden.

Unser Denken erfolgt in Begriffen, durch die wir das Wesen der Gegenstände unseres Denkens begreifen. Durch die existentialistische Formel "Dasein vor Sosein" wird das rationale Denken für untauglich erklärt, zum Tiefsten und Wahren vorzudringen. Quacksalber berufen sich für ihre Kuren gerne auf weit entfernte Völker und Kulturen, etwa die südamerikanischen Inkas, die diese Kuren bereits in Gebrauch gehabt haben sollen. Für *Martin Heidegger* (1889–1976) ist es das Raunen der Vorsokratiker (besonders Heraklits), auf das wir zurückgreifen müssen, um wieder in die Seinsnähe zu gelangen, die die Philosophie seit Sokrates verloren habe. Wie für Schopenhauer das Leid ist für Heidegger die Angst eine "Grundbefindlichkeit" des Daseins[105]; wie jener macht er aus einer subjektiven Erfahrung, die möglicherweise die Erfahrung sehr vieler und vielleicht sogar der meisten Menschen ist, eine philosophische Kategorie, die sich aber der logischen Analyse grundsätzlich entzieht. Wirkliche Existenz war immer eines der Grundprobleme der Philosophie, z. B. auch bei Thomas von Aquin, das man nur mittels des Begriffspaares Dasein–Wesen in den logischen Griff bekommen kann. Der Existentialismus als Philosophie der "Ek-sistenz", wie Heidegger das Wort maniriert zu schreiben pflegte, ist absurde Philosophie, auch wo sie sich, wie bei Heidegger, nicht als Philosophie des Absurden versteht. Deshalb urteilte

Karl Jaspers: "Der Existentialismus ist der Tod der existentiellen Philosophie."[106] Peter Wust bezieht in eine ganz ähnliche Kritik auch Karl Jaspers mit ein: "Heidegger sowohl wie Jaspers haben es verschuldet, daß heute die ernste Problematik der Existenzphilosophie geradezu verschüttet worden ist."[107]

Kollektivismen

"Les estrêmes se touchent." Einem hemmungslosen Individualismus, einer totalen Bindungslosigkeit, traten im letzten und in diesem Jahrhundert **Kollektivismen** an die Seite, die bis zur völligen Versklavung des Individuums führten. Für diese Kollektivismen gibt eine einzige Kardinaltugend: die Solidarität (lat. solidus: gediegen, massiv). Selbstverständlich fordert die Solidarität Einsatzfreude, Klugheit, Tapferkeit, Fleiß und ähnliche sekundäre Tugenden. Karl Jaspers hat einmal darauf hingewiesen, daß sich die Philosophen – bei aller Gegensätzlichkeit ihrer Anschauungen – doch alle der Wahrheit verpflichtet fühlen; die Wahrhaftigkeit könne zum Grundstein einer neuen Gemeinsamkeit werden. Den Kollektivismen unseres Jahrhunderts fehlt der Wille zur absoluten Wahrhaftigkeit, denn die Solidarität kann auch hier zu Lüge verpflichten. Die zwei bemerkenswertesten Formen des Kollektivismus unseres Jahrhunderts sind bzw. waren der **Nationalsozialismus** und der **Kommunismus**.

Der Nationalsozialismus brachte es niemals – wie vor und nach ihm der Kommunismus – zu einer einheitlichen Weltanschauung. Was an geistigen Motiven zu seiner Entstehung zusammenwirkte, waren ein extremer Nationalismus, wie er in Deutschland später als bei anderen europäischen Völkern und dafür um so verheerender auftrat, die Nietzschesche Übermenschenideologie, falsch oder richtig verstanden, spielt hier keine Rolle, eine verschwommene Rassenlehre, die Kulturphilosophie des Engländers *Houston Stewart Chamberlain* (1855–1927) mit ihrer These von der allein schöpferischen nordisch-arischen Rasse, ein skrupelloser Imperialismus, neognostische Motive – viele Nazigrößen haben sich okkulten Praktiken hingegeben, und das Hakenkreuz ist ein altes Rosenkreuzer-Symbol – sowie sozialistische Ideen ("Recht auf Arbeit"). In Wirklichkeit interessierten Hitler solche Ideologien nicht besonders, da er in seiner psychopathischen Egozentrik den Nationalsozialismus ganz auf seine eigene Person bezog.[108] Er war, wie der Nietzschesche Übermensch, voller Verachtung für die Massen, um deren Gunst er buhlte und die ihm zum Anlaß wurden, "die Natur seiner selbst zum Sonnensystem werden zu lassen" (vgl. S. 78).

Wichtiger als das, wofür man ist, scheint in kollektivistischen Systemen das zu sein, wogegen man ist. Beim Nationalsozialismus waren es die Juden. Der Judenhaß – meist mit dem irreführenden Wort "Antisemitismus" bezeichnet (Semiten sind ja z. B. auch die Ägypter, gegen die sich dieser Haß keineswegs richtete – eine der vielen Inkonsequenzen des Nationalsozialismus) – ist eine von Osteuropa bis Amerika weit verbreitete Haltung, deren wichtigster Repräsentant vor Hitler der österreichische Politiker *Georg von Schönerer* war. Die Juden wurden für alle Übel in der Welt verantwortlich gemacht. Zu welch furchtbaren Exzessen der Judenhaß Hitlers führte, ist zu bekannt, als daß dies hier ausführlich dargelegt werden müßte.

Bis zu welcher Bestialität die Leugnung ethischer Normen führen kann – auch hierfür ist der Nationalsozialismus ein abschreckendes Beispiel ohnegleichen: Es wurde vor allem die christliche Ethik als judenstämmig verworfen und als eines deutschen Menschen unwürdig bezeichnet. Kardinal *Michael von Faulhaber* hat seine sprachgewaltigen Adventspredigten von 1933, die unter dem Titel "Judentum, Christentum, Germanentum" in Buchform erschienen sind, gegen den Antisemitismus des Nationalsozialismus, in den dieser das Christentum miteinbezog, gehalten. Als Fachmann – er war ursprünglich Professor für Altexegese – hat er mit wissenschaftlichem Sachverstand und Ironie die völlige Haltlosigkeit der nationalsozialistischen Vorwürfe bloßgestellt.

Es wurde schon gesagt, daß die von Jaspers beschworene Wahrhaftigkeit in Kollektivsystemen keine Rolle spielt. Neben dem Judentum war es das "kommunistische Untermenschentum", gegen das sich der Nationalsozialismus profilierte, und zu Hitlers Erfolg hat ohne Zweifel die in Deutschland weit verbreitete Angst beigetragen, daß der Kommunismus mit seiner ganzen Grausamkeit und Menschenverachtung auch in Deutschland siegreich Fuß fassen könnte. In der Zeit des Hitler-Stalin-Paktes von August 1939 bis Juni 1941 mußten die Deutschen umlernen, daß der Kommunismus eine ganz respektable Bewegung sei, die analog zum Nationalsozialismus vor allem gegen die jüdisch-westlichen "Plutokraten" – die nazistische Analogbezeichnung für Kapitalisten – kämpfte. Der Juni 1941 brachte dann mit dem Angriff auf Rußland die Notwendigkeit des "Wiederzurücklernens".

In kollektivistischen Systemen gibt es auch keine Sexualmoral. Dem verlogenen Geschwätz von der "Reinheit der deutschen Familie" steht die sexuelle Hemmungslosigkeit der meisten Naziführer gegenüber, steht das geradezu klassisch blöde Hitlerwort entgegen: "Was unter dem Nabel vorgeht, geht die Partei nichts an", das aber auch jederzeit wieder in sein Gegenteil pervertiert werden konnte, wenn es galt, einen mißliebig Gewordenen unter Geltendmachung angeblicher Homosexualität abzuschießen, wie z. B. den Generaloberst Werner von Fritsch (1938). Schon 1934/35 hatte Josef Goebbels eine Reihe von Sittlichkeitsprozessen gegen katholische Geistliche inszeniert, um die öffentliche Meinung gegen die Kirche zu mobilisieren.

Nie wurde in Deutschland so viel über Freiheit gesprochen wie in den Jahren der nazistischen Unterdrückung. Hierbei handelt es sich nicht nur um eine zynische Verkehrung der Wirklichkeit durch die offizielle Propaganda; der Freiheitsbegriff selbst wurde als Zustand in der Entwicklung des Volkes, das zu seiner eigenen Wirklichkeit und eigentlichen Bestimmung als Träger nordisch-germanischer Kultur gefunden hat, neu interpretiert.

Der **Kommunismus** ist durch Marx und Lenin sehr viel gescheiter unterbaut worden als der Nationalsozialismus durch Hitler und Rosenberg. Dennoch sind beide Bewegungen in gleicher Weise kollektivistisch. Der Mensch als Individuum verliert sein Recht. Als Beispiel für die Manipulation des Menschen sei hier nur beispielhaft der Umgang mit Straffälligen genannt: Nach marxistischer Theorie sind Verbrechen nur die Folge falscher gesellschaftlicher Zustände. Deshalb arbeiten die Sozialisten in allen nicht-kommunistischen Ländern auf eine Aufweichung des Strafrechts hin, weil man doch die "armen" Gesetzesbrecher nicht dafür bestrafen kann, daß sie in Staaten mit verfehlten gesellschaftlichen Zuständen zu leben gezwungen sind. Daß es in den kommunistischen Ländern nicht weniger Verbrechen gibt als in den "kapitalistischen", ist natürlich peinlich. Daher sind Strafgefangene dort praktisch rechtlos, da es Menschen sind, die es nach der unfehlbaren Theorie gar nicht geben dürfte. Mißhandlung und Ermordung von Strafgefangenen sind dort an der Tagesordnung.[108]

Durch die völlige Relativierung der Wahrheit – "Wahr ist, was dem Volke nützt", hier, "Wahr ist, was zur revolutionären Entwicklung beiträgt" dort – ist auch ein echtes Gespräch nicht mehr möglich. Wo sich in der Vergangenheit solche Gespräche trotzdem entwickelt haben, wurden sie mit Gewalt abgebrochen, so wurde z. B. die in den späten 60er Jahren in Zagreb erscheinende, sehr gut redigierte philosophische Zeitschrift "Praxis", die gelegentlich auch nichtmarxistische Philosophen wie Rudolph Berlinger zu Worte kommen ließ, verboten.

Der Nationalsozialismus ist niemals mit der Devise angetreten, die Menschheit beglücken zu wollen. Aber daß sich der Kommunismus überall, wo er herrscht, nur mit Terror gegenüber den Menschen, die er angeblich beglückt hat, erhalten konnte, ist gewiß, über alle theoretischen Erwägungen hinaus, das vernichtendste Zeugnis, das er sich selbst ausstellte.

Wertethik

Die letzten eineinhalb Jahrhunderte waren für eine Idee der Ethik im wesentlichen destruktiv. Eine wirkliche Bereicherung brachte aber die Idee einer **Wertethik.** Der Begriff "Wert" wurde auch früher schon gelegentlich im ethischen Sinne, überwiegend aber (z. B. von Karl Marx) in seiner volkswirtschaftlichen Bedeutung gebraucht. Sachlich deckt es sich weitgehend mit den Begriffen des Guten und der Gutheit (bonum und bonitas).[110]

Historisch gibt es zwei verschiedene Schulen der Wertethik. Die erste, weniger wirksame, ist die sog. Südwestdeutsche Schule des **Neukantianismus**, der zwischen 1880 und 1930 eine führende philosophische Strömung in Deutschland war; sie ist mit den Namen *Wilhelm Windelband* (1848–1915) und *Heinrich Rickert* (1863–1936) verbunden. Sie stellt an die Seite des Seins, dessen Gesetzen die Natur unterworfen ist, das Gelten der Werte, deren Verwirklichung in Geschichte und Kultur Sinn und Aufgabe menschlicher Existenz ist. Auch der Berliner Psychologe und Kulturphilosoph *Eduard Spranger* (1882–1963) stand dieser Richtung nahe.

Die **phänomenologische Wertschule** geht auf *Rudolf Hermann Lotze* (1817–1881) und *Franz von Brentano* (1838–1917) zurück. Ihre wichtigsten Vertreter, die überwiegend in der ersten Hälfte unseres Jahrhundert gewirkt haben, sind *Alexander Pfänder* (1870–1941), *Max Scheler* (1874–1928), *Nicolai Hartmann* (1882–1950) und *Dietrich von Hildebrand* (1881–1977). Mit ähnlichen Tendenzen wirkte auch der evangelische Theologe und Historiker *Ernst Troeltsch* (1865–1923). Er stand in der Tradition der großen evangelischen Theologen des letzten Jahrhunderts (Schleiermacher, von Harnack), für die ethische Werte absolute Gültigkeit besitzen; nur die die Art und Weise ihrer Verwirklichung wird als historisch bedingt angesehen.[111]

Edmund Husserl (1859–1938) ist der Begründer der phänomenologischen Forschung. Er unterscheidet zwischen Denken und Gedachtem. Wer etwas d e n k e n will, muß e t w a s denken. Es gibt kein Denken an sich, kein Denken ohne intendierten Inhalt. Dieses Intendierte läßt sich untersuchen, ohne daß man den Akt des Denkens, der es intendiert, analysieren müßte. Das Noema (Gedachte) wird zwar von der Noesis (dem Denken) konstituiert, ist aber in seinem Gehalt von dieser unabhängig. Durch diese in seinem ersten Hauptwerk "Logische Untersuchungen" (1900) entwickelten Unterscheidungen und die sich daran anknüpfenden Analysen wurde Husserl zum Überwinder des Psychologismus, der im letzten Jahrhundert entstandenen Lehre, die davon ausgeht, daß unser ganzes

Denken, selbst Mathematik und Logik, in unserer psychologischen Struktur begründet sei. Wir müssen nach Husserl auf die Wesenheiten der Gegenstände intendieren (d. h. die Aufmerksamkeit richten), die sich uns als die Phänomene zeigen. In der Reduktion von unserer Subjektivität auf die reine Wesensschau erschließt sich uns das Wesen der Dinge.

Eine ganz andere Quelle der Tradition in Richtung auf eine phänomenologische Wertphilosophie hin, die in gewissem Sinne zur Husserlschen in Widerspruch steht, müssen wir im Werke *Wilhelm Diltheys* (1833–1911) sehen. Dilthey führte die verstehende Methode in die Geisteswissenschaften ein. Das Verstehen ist gleichzeitig ein emotionales Einfühlen, z. B. in eine dichterische Aussage, und ein rationales Verstehen des Dichters aus seiner historischen und persönlichen Situation heraus. Dilthey war dadurch ungemein anregend für die Geisteswissenschaften im allgemeinen und im besonderen für die Literaturgeschichte (durch sein Werk "Das Erlebnis und die Dichtung", 1905), für die Psychologie (vor allem über Eduard Spranger und Philipp Lersch), für die philosophische Ontologie (über Martin Heidegger). Seine verstehende Methode regte aber ihrerseits wieder – unter Abstrich des bei ihm damit verbundenen Historismus – die Phänomenologen an.

Auch die gleichzeitig entstandene und von Dilthey in gewisser Weise mitinaugurierte Methode der Wesensschau fand auf den verschiedensten Gebieten fruchtbare Anwendung: auf die Mathematik durch *Luitzen Egbertus Jan Brouwer* und *Oskar Becker* (Grundlagenproblematik), auf Logik, Psychologie und Ethik durch *Alexander Pfänder*, auf Ethik durch *Dietrich von Hildebrand*, auf Ethik und Soziologie durch *Max Scheler* und *Karl Mannheim*, auf Ethik und Ontologie durch *Nicolai Hartmann* und *Martin Heidegger*, der die phänomenologische Ontologie zum Existentialismus weiterentwickelte (s. S. 82 f.).

Von Heidegger abgesehen war *Max Scheler* (1874–1928) der einflußreichste dieses Kreises: So wie es ein intuitives objektives Erfassen einer Farbe, z. B. der Farbe Rot, gibt, das nicht die Kenntnis der physikalischen und physiologischen Vorgänge voraussetzt, die zum Farbeindruck Rot führen, so gibt es auch ein Werterfassen durch die **innere Werterfahrung,** das unmittelbar sichere Erfassen der Wertqualitäten und der Wertordnung. In bewußtem Gegensatz zu Kants ethischem Formalismus entwickelte Scheler diese Ideen vor allem in seinem Werk "Der Formalismus in der Ethik und die materiale Wertethik" (erschienen in zwei Bänden 1913 und 1916). Kants Fehler sei es gewesen, daß er nicht zwischen (äußeren) Gütern und Werten unterschieden habe. Das ethische Handeln könne sich nicht nach einem abstrakten und formalen Imperativ richten, sondern nur nach Werten, die von unserer inneren Erfahrung erfaßt werden können. So wie es nun aber die körperliche Blindheit gibt, gibt es nach Scheler (und von Hildebrand) auch die Wertblindheit. Wie der körperlich Blinde nicht in der Lage ist, über Farben zu urteilen, so ist der Wertblinde nicht imstande, über Werte zu urteilen.[112] Scheler unterscheidet folgende Wertstufen ("Wertmodalitäten"):

1. **Die Werte des Angenehmen,** die dem Unangenehmen entgegengesetzt sind. Emotional ziehen wir ganz von selbst das Angenehme dem Unangenehmen vor. Dem Selbstwert des Angenehmen entsprechen "konsekutive Werte", vor allem die Nützlichkeitswerte, die technische Werte, Zivilisationswerte, Luxuswerte sind. Auch das Geld würde hierunter fallen.

2. **Die vitalen Werte:** Gesundheit, Kraftgefühl, Freude. Es handelt sich hier durchaus um eine selbständige Wertmodalität, die nicht auf das Angenehme und Nützliche zurückgeführt werden kann.

3. **Die geistigen Werte:** "Sie tragen schon in der Art ihrer Gegebenheit eine eigentümliche Abgelöstheit und Unabhängigkeit gegenüber der gesamten Leib- und Umweltsphäre in sich und geben sich als Einheit auch dadurch kund, daß die klare Evidenz besteht, Lebenwerte für sie opfern zu 'sollen'."[113]

   Im Bereich dieser Wertmodalität trifft Scheler eine Unterscheidung, die an die Entwicklung des objektiven Geistes bei Hegel erinnert: Zu den geistigen Werten gehören die rein **ästhetischen Werte** mit der Skala von "schön bis häßlich" und die **Werte des Rechten,** die die "letzte phänomenale Grundlage für die Idee der objektiven Rechtsordnung bilden". Diese hat unabhängig vom Staat zu sein, in dem sie verwirklicht wird; umgekehrt hat sich die Idee des Staates nach dieser Idee der objektiven Rechtsordnung zu orientieren. Es folgen die **Werte der reinen Wahrheitserkenntnis,** für die die Wissenschaftswerte den Charakter von Konsekutivwerten haben. Konsekutivcharakter haben im Hinblick auf die rein geistigen Werte auch solche Werte, welche "ihrer Natur nach bereits zur Güterwertspähre gehören" (z. B. Kunstschätze, wissenschaftliche Institutionen, die positive Gesetzgebung): Scheler faßt sie unter dem Begriff "Kulturwerte" zusammen. Die Philosophie sucht die reine Wahrheitserkenntnis zu realisieren – im Unterschied zu den "positiven" Wissenschaften, bei denen mindestens einschlußweise "der Zweck der Beherrschung der Erscheinungen" eine Rolle spielt. Trotz einer gewissen Ähnlichkeit zur Hegelschen Entwicklung des objektiven Geistes ist der radikale Gegensatz nicht zu verkennen, vor allem daß für Scheler nicht der Staat als solcher Sittlichkeit verwirklicht, sondern daß der Staat umgekehrt seinen Sinn darin hat, daß sich in ihm die ethischen und anderen Werte verwirklichen. Der Staat ist selbst ein Konsekutivwert der geistigen Werte. Er ist also keineswegs der "hienieden präsente Gott", seine Aufgabe ist vielmehr, wie in der katholischen Staatslehre, subsidiär.

4. "Als letzte Wertmodalität endlich tritt scharf abgegrenzt von den bisher genannten hervor jene des **Heiligen** und **Unheiligen.**" Auch diese Wertsphäre ist unabhängig von zufälligen historischen Gegebenheiten (z. B. den herrschenden religiösen Auffassungen): Die Werte des Heiligen werden ursprünglich erfaßt in einem Akt der Liebe; solche Akte sind ihrem Wesen nach auf Personen gerichtet. Schelers Philosophie ist **Personalismus:** Die menschliche Person, aufgefaßt als Aktzentrum, steht im Mittelpunkt ihres Interesses. Sie vollendet sich, für Scheler wie für Kant, in der Heiligkeit; doch hat für jenen Heiligkeit eine ganz andere Bedeutung als für Kant, für den ihr Wesen darin besteht, konsequent und unbeirrt nach dem inneren Gesetze zu leben. Für Scheler ist Heiligkeit die Hingabe an ein Absolutes in der Liebe, das selbst nur als Person zu denken ist. (Im Sinne Schelers muß man dabei nicht notwendig an einen persönlichen Gott denken.) "Spezifische Antwortreaktionen auf diese Wertmodalität sind 'Glaube' und 'Unglaube', 'Ehrfurcht', 'Anbetung' und analoge Haltungen."[114]

In seiner **Wissenssoziologie** unterscheidet Scheler verschiedene Arten des Wissens im Hinblick auf seine soziale Funktion: Leistungswissen, Herrschaftswissen, Bildungswissen, Heilswissen.[115] "Heil" ist hier als Hauptwort zu "heilig" aufzufassen. Es ist das Wissen, das vorausgesetzt ist zur Vollendung der Person in der Heiligkeit. Herrschafts- und Leistungswissen sind eng verwandt. Leistungswissen ist jedes Wissen, das zu beruflicher Leistung befähigt; Herrschaftswissen ist Voraussetzung zur Ausübung von Macht (vgl. das Sprichwort: "Wissen ist Macht"). Das Bildungswissen dient der inneren Bildung der Person. Gerade dieses Wissen ist seinem Gehalt nach sehr von Kulturkreis und historischer Situation abhängig. Für einen Inder wird die Kenntnis des Mahabharataepos wichtiger sein als die griechisch-lateinische Mythologie, die zum Bildungswissen unseres Gymnasiums seit seiner Gründung durch Humboldt und Thiersch bis ins letzte Jahrzehnt hinein gehörte. Erst die pluralistische Bindungslosigkeit unserer Zeit hat dieses Ideal wenigstens für die Schulen zerstört, ohne irgend einen Ersatz anbieten zu können und zu wollen. Die Schule ist zum Tummelplatz von Tendenzen geworden, für die fast bloß noch die Gesichtspunkte des Herrschafts- und Leistungswissens eine von der jeweils Macht ausübenden politischen Richtung abhängige Rolle spielen.

Wenigstens die Schulzeit sollte für den jungen Menschen die Zeit der Bildung und Reifung der Persönlichkeit sein, wozu ein gewisses Bildungswissen im Sinne Schelers unerläßlich ist. Der Verlust eines Bildungsideales führte aber dazu, daß der Stil alter Unterrichtsfächer (z. B. des Deutschunterrichts) völlig verändert wurde, Fächer, die für ein Leistungswissen nichts hergaben, zurückgedrängt oder eingeschränkt (Griechisch, Latein) und neue Fächer dafür eingeführt wurden. Alle Änderungen lassen dabei die Tendenz der Zurückdrängung des Bildungswissens im Sinne Schelers, vom Heilswissen ganz zu schweigen, zugunsten der Förderung des Leistungswissens erkennen. Nebenbei sei bemerkt, daß die Anhäufung von Stoff in etwa einem Dutzend jetzt fast gleichberechtigter Fächer, die mit Leistungswissen nun einmal notwendig verbunden ist, erst den vielberufenen Schulstress verursacht haben, der bis vor etwa 15 Jahren praktisch unbekannt war.

Geistesverwandt mit Scheler, aber auf dem Boden des Christentums stehend, hat *Dietrich von Hildebrand* (1889–1977) in meisterhaften Analysen Phänomene der Kunst und sittliche Haltungen, besonders Staat und Gemeinschaftsleben betreffend, behandelt. Vor allem hat er jede Form des Macciavellismus als unsittlich nachgewiesen. Dazu wurde er nicht zuletzt durch die Vorgänge im Dritten Reich angeregt. Er selbst war aktiver Nazigegner, entzog sich der Verfolgung durch Auswanderung nach Amerika und wurde von einem Nazigericht in Abwesenheit zum Tode verurteilt. Von Hildebrand betont, daß Staatsmänner auch dann als verantwortliche Personen handeln, wenn sie dies als Politiker tun und deshalb auch in diesen Fällen den ethischen Normen unterworfen sind. Auch aus politischen Gründen ist deshalb eine Lüge nicht zu rechtfertigen, noch viel weniger Treuebruch, Mord und dgl.[116].

Es sei an dieser Stelle auch noch auf die Untersuchungen verwiesen, in denen sich von Hildebrand mit der Tugend der Demut (diversis locis) beschäftigt. Demut wurde von Kant zwar gefordert, aber falsch – nämlich negativ als "Gefühl der Demütigung"[117] – verstanden, von Schopenhauer verachtet, von Nietzsche zynisch pervertiert. Von Hildebrand unterscheidet sie nach der einen Seite von dem "negativen Sichwegwerfen" und nach der anderen Seite von der bloßen Bescheidenheit. Während der Bescheidene auch schüchtern sein kann, "strahlt die Demut in jener letzten, inneren, seligen Freiheit, der Freiheit der Kinder Gottes, die in der Selbsthingabe niemals resignativ, sondern eben selig ist"[118].

Neopositivismus und Deontologie

Der **Positivismus,** in unserem Jahrhundert eine der vorherrschenden philosophischen Richtungen, hat eine lange Vorgeschichte. Er geht zurück auf den mittelalterlichen Nominalismus (*Wilhelm von Ockham, Johannes Buridanus)* und den englischen Sensualismus *(John Locke)* der frühen Neuzeit. Das Wort selbst, als Bezeichnung einer bestimmten philosophisch-weltanschaulichen Haltung, wurde geprägt von *August Comte,* dem Begründer des Positivismus im heutigen Sinne, der dann von *Hermann Helmholtz, Richard Avenarius, Ernst Mach* weitergebildet wurde. In den 20er und 30er Jahren unseres Jahrhunderts war es dann eine Gruppe von Wiener Physikern und Philosophen, die positivistisches Gedankengut mit der formalen Logik in ihrer Form als mathematisierter Logik (Logistik) verband und dadurch den Positivismus zum **Neopositivismus** weiterentwickelte. Zu nennen sind vor allem der Begründer dieser Richtung *Moritz Schlick, Otto Neurath* und *Hans Reichenbach,* die eifrigsten Propagandisten des Neopositivismus, *Ludwig Wittgenstein,* der nicht Mitglied des Wiener Kreises war, ihn aber stark beeinflußt hat, der Physiker und Freund Einsteins, *Philipp Frank,* und als wohl bedeutendster der Erkenntnistheoretiker *Rudolf Carnap*[119]. Der oben genannte Begründer des Kreises, Moritz Schlick, wurde ein frühes Opfer des Antisemitismus: Ein verrückt gewordener Student erschoß ihn nach einer Vorlesung in der Wiener Universität (1936).

Der **Neopositivismus** ist in erster Linie eine Erkenntnistheorie; er versteht sich als Empirismus und Relativismus. Nur das mit unseren Sinnen Beobachtete kann Gegenstand sinnvoller Aussagen sein, die der Verifizierbarkeit oder Falsifizierbarkeit unterliegen, d. h. der Entscheidung, ob sie wahr oder falsch sind. Alle anderen angeblichen Aussagen sind entweder sinnleer oder sinnlos. Zu den sinnleeren Aussagen gehören die Aussagen der Mathematik und Logik, die nur Tautologien sind, da sie nur aussagen, was bereits in den Voraussetzungen (Axiomen) enthalten ist. Sinnlose Aussagen sind nur dem Schein nach Aussagen; dazu gehören vor allem Aussagen metaphysischen Charakters. Dergleichen sind nach den Positivisten nur Scheinsätze, nichts anderes als sinnlos aneinandergereihte Silben.

Unter Zugrundelegung einer solchen Erkenntnistheorie gibt es natürlich auch keine verbindlichen Aussagen über ein sittliches Sollen. *Hans Reichenbach*[120] betont immer wieder, daß Moralfragen Machtfragen sind, ähnlich *Rudolf Carnap.* Gesellschaftliche Gruppierungen, die einmal zur Macht gelangt sind, versuchen ihre Moralvorstellungen als unabänderliche und gottgewollte Satzungen darzustellen, um damit gleichzeitig ihre eigene Herrschaft zu zementieren. Trotzdem haben sich einige Positivisten mit dieser negativen Haltung nicht begnügt, sondern ihrerseits versucht, eine positivistische Ethik zu begründen. Moritz Schlick versuchte das auf der Grundlage des Hedonismus.[121] Der Mensch strebt notwendig nach persönlichem Glück; eine gesellschaftliche Ordnung ist deshalb ethisch, wenn sie möglichst vielen Menschen die Erfüllung dieses Glückstrebens ermöglicht. Auch eine Gesetzgebung muß "die Einsicht in die Lust- bzw. Unlusterfolge des menschlichen Tuns zur Grundlage haben", damit das sozialistische Prinzip des "größten Glücks der größten Zahl" verwirklicht wird.[122]

Es ist klar, daß dieser von *Jeremy Bentham* vor 150 Jahren formulierte Grundsatz von vornherein nur ein gewissen materielles Wohlergehen im Auge haben kann. Aber es ist auch klar, daß eine auf diesem vagen Grundsatz aufgebaute Ethik den Menschen nicht als Person zu verpflichten vermag. Deshalb hat ein anderer Positivist, *Viktor Kraft,* einen Grundsatz gesucht, der alle Menschen verpflichten soll. Das ist für ihn die Bestimmung des Menschen als kulturschaffendes Wesen. Danach ist sittlich und gut, was die Kultur fördert, alles abzulehnen, was die Entwicklung der Kultur hemmt.

Beide Positionen haben die selbstgesteckten Grenzen des Positivismus überschritten. Das Streben nach Sinnenlust verpflichtet mich weder für mich selbst noch für andere. Stillschweigend tritt bei den Positivsten diesem Prinzip ein anderes an die Seite: Die Verpflichtung, die Würde der anderen Person anzuerkennen, in der sie mir als gleichberechtigter Partner gegenübertritt – die Grundlage echter Toleranz. Das ist aber bereits ein wesentlich metaphysisches Motiv, und es ist nur vom Religiösen her zu begründen. Das hat nicht zuletzt der marxistische Philosoph *Max Horkheimer* klar erkannt, als er gegen Ende seines Lebens der Überzeugung Ausdruck gab, daß wirkliche Moral nur auf der Grundlage der Theologie möglich sei: "Alles, was mit Moral zusammenhängt, geht logisch letzten Endes auf Theologie, jedenfalls nicht auf säkulare Gründe, zurück, wie sehr man sich auch bemühen mag, die Theologie behutsam zu fassen."[123]

Der erkenntnistheoretische Relativismus, aus dem der ethische Relativismus folgt, ist nicht haltbar. Der positivistische Relativismus führt zu einer ganzen Reihe von Ungereimtheiten, die in den 30er Jahren zum sog. Protokollsatzstreit geführt haben, in dem sich die verschiedenen Parteien des Neopositivismus gegenseitig Metaphysik und Idealismus vorgeworfen haben – in den Ohren von Positivsten die schlimmsten Vorwürfe, die es gibt. Auch der heute viel genannte *Karl Popper* (geb. 1902) hat in diesem Streit Partei ergriffen (mit einem wenig glücklichen Kompromißvorschlag). An der Unmöglichkeit, eine relativistische

Erkenntnislehre zu begründen, ist der Neopositivismus zerbrochen. Nichtsdestoweniger hat man den Relativismus weithin stillschweigend übernommen, ohne sich weiterhin um eine Begründung zu bemühen, z. B. in der "analytischen Philosophie". Auch wenn sich Popper und andere heute vom Positivismus distanzieren, gilt die von Horkheimer (im schon zitierten Spiegel-Interview) ausgesprochene Erkenntnis, daß sich Ethik nur auf Metaphysik aufbauen läßt und daß jede nichtmetaphysische Position relativistisch und positivistisch ist, auch wenn er etwas unglücklich "Theologie" statt "Metaphysik" sagt: "Erst einmal möchte ich über die Kritiker der Theologie sprechen, die Positivisten also, und deutlich machen, daß sich aus der Position des Positivismus keine moralische Politik ableiten läßt." "Metaphysiklose Ethik" bedeutet eine "contradiction in adiecto", wenn man unter Ethik nicht, wie es tatsächlich häufig geschieht, nur gewisse Regeln zu einer angenehmen Lebensführung in freundlicher Mitmenschlichkeit versteht.[124]

Ein anderer Ethikansatz unserer Zeit ist der psychoanalytisch motivierte. Es ist hier nicht der Ort, über die Psychoanalyse als eine medizinisch-psychologische Methode zu urteilen. Charakterschwache Menschen sind aber leicht geneigt, ein persönliches sittliches Versagen auf eine tiefenpsychologisch bedingte Determination zu schieben. Während die Tiefenpsychologie in den kommunistischen Ländern meist bekämpft wurde, hat sich der Kommunismus in den westlichen Ländern mit ihr verbunden, um auf dem Weg über das Unbewußte ein neues gesellschaftliches Bewußtsein zu erzeugen.[125]

Kaum eine Bereicherung der Ethik hat auch die heute viel genannte **Deontologie** oder Deontik gebracht. Der Wortbedeutung nach ist sie die Lehre von dem δέον (deon), d. h. von dem, was man tun muß, was sich geziemt. Soweit ist das Wort nichtssagend und würde für jede ethische Tendenz passen. Tatsächlich wird auch Deontik ganz verschieden definiert. *Ota Weinberger* erklärt: "Mit dem Namen NL (Normenlogik, deontische Logik, Deontik u. ä.) bezeichnen wir die logische Disziplin, welche von der Struktur der Normsätze und von Folgerungsbeziehungen handelt, welche Normsätze – eventuell neben Aussagesätzen – als Glieder enthalten. Die NL ist also eine Theorie der Deduktion mit zwei semantisch verschiedenen Satzarten, den Normsätzen und den Aussagesätzen."[126] Ganz anders gebraucht der bekannte Logiker *J. M. Bochenski* das Wort, wenn er zwischen epistemischer und deontischer Autorität unterscheidet, wobei er mit ersterer die Autorität meint, die jemand aufgrund seines überlegenen Wissens zukommt, z. B. die Autorität des Lehrers gegenüber dem Schüler, mit letzterer aber die Autorität, die jemand aufgrund seines Amtes, einer sozialen Stellung und dgl. zukommt.[127]

Die Definition Weinbergers entspricht mehr dem Begriff, den man heute mit dem Wort "Deontik" verbindet. Im Grunde ist auch sie eine Flucht vor ethischer Verbindlichkeit, in diesem Fall in die Unverbindlichkeit der Formallogik; denn die formallogischen Beziehungen sind immer "wenn-dann"-Beziehungen; die Formallogik sagt nichts aus über die Wahrheit von Sätzen, sondern nur über ihre inneren Beziehungen. Insofern bringt die so verstandene Deontologie überhaupt keine neuen Gesichtspunkte in die Ethik. Gerade weil sich die Formallogik nicht um sachliche Wahrheit kümmert, kann sie auf alle Gebiete des menschlichen Denkens angewandt werden, selbstverständlich auch auf die Ethik, die ihrerseits keine besondere Form der Logik voraussetzt.

Immerhin bringt der Deontologe *R. M. Hare* einen interessanten (nicht schlechterdings neuen) formalen Gesichtspunkt in die Diskussion: "No imperative conclusion can be validly drawn from a set of premisses which does not contain at least one imperative."[128] Diese zweifellos richtige These bedeutet die Anwendung eines allgemeineren erkenntnistheoretischen Grundsatzes, den *Craemer-Ruegenberg* in diesem Zusammenhang zitiert: daß "überhaupt in einer gültigen Konklusion nicht mehr gesagt werden kann, als schon in den Prämissen enthalten ist".[129] So können aus den Begriffen der Physik und Chemie nur wieder physikalische und chemische Begriffe gebildet werden, nicht aber z. B. der Begriff des Bewußtseins. (Die These des monistischen Naturphilosophen *Wilhelm Ostwald*, daß das Bewußtsein eine Form der physikalischen Energie ist, ist deshalb bereits vom Semantischen her verfehlt.)

Spezialisierungen der Ethik

Es ist eigenartig, daß trotz der völligen ethischen Verunsicherung unserer Zeit ethische Publikationen ins Kraut schießen. Der Stichwortkatalog der Bayerischen Staatsbibliothek in München zählt an die 100 Zusammensetzungen mit "Ethik" auf: Informationsethik, pädagogische Ethik, Verkaufsethik, Sportethik usw. Sicher ist es richtig, ethische Grundsätze auf jeweils spezifische Berufe und Tätigkeiten anzuwenden. Diese Grundsätze müßten aber vorher da sein! Sie müßten vorher begründet worden sein! Das wäre Ethik. Meist geht es aber nur um ein verschwommenes Toleranz- und Mitmenschlichkeitsgefühl, das vor allem in kritischen Situationen nicht trägt. Wer z. B. 1933 bloß ein freundlicher Mensch war, der niemals Böses und ab und zu sogar Gutes tun wollte, hat in der Zeit der Unmenschlichkeit dann i. a. versagt.

Eine allgemeine Ethik muß sich auf alle Teilgebiete des menschlichen Lebens anwenden lassen, sonst taugt sie nichts. Kürzlich (1993) wurde in der Presse ein führender Mann der Autoindustrie interviewt. Er bekannte sich zum Christentum, hielt es aber gleichzeitig für selbstverständlich, daß er um eines wirtschaftlichen Vorteiles willen lügen würde. Ein Gegenbeispiel: Ein wissenschaftlicher Angestellter einer Behörde, der sich gleichfalls zu einer christlichen Ethik bekennt, machte während seiner Dienstzeit eine private Besorgung, bei der er so schwer verunglückte, daß er für mehrere Jahre dienstunfähig wurde. Vorgesetzte und Kollegen bedrängten ihn, er solle doch für die Unfallmeldung den Weg, auf dem er verunglückte, als dienstlich bedingt deklarieren, um die Vorteile eines Dienstunfalles (Lohnfortzahlung, Unkündbarkeit) zu erlangen. Es kam dazu, daß er wegen seines fortgeschrittenen Alters damit rechnen mußte, nach seiner Genesung keine Anstellung mehr zu erhalten (was auch wirklich eintrat). Er verzichtete auf alle Vorteile eines Dienstunfalles, die er sich nur durch eine Lüge hätte verschaffen können.

Beide Fälle lassen sich von einer allgemeinen menschlichen Tugend- und Pflichtethik her beurteilen, und man braucht keine eigene Wirtschaftsethik dazu. Der zweite hat konsequent gehandelt; daß die Haltung des ersten inkonsequent und damit unwahrhaftig ist, kann auch jemand beurteilen, der sich keiner christlichen Ethik verpflichtet fühlt.

Trotzdem hat es Sinn, von medizinischer Ethik, Wirtschaftsethik usw. zu sprechen. Der einzelne kann zwar sein praktisches Handeln nach den Prinzipien der Pflichtethik ausrichten, auch wenn er z. B. als Staatsmann handelt, aber es ist dennoch wichtig, daß es z. B. eine Wirtschafts- und Finanzordnung, einen medizinischen Verhaltenskodex und eine Umweltordnung gibt, nach der der einzelne handeln kann, ohne sich vor sich selbst schuldig zu machen. Gerade in der Demokratie darf der einzelne nicht durch rechtliche oder gesellschaftliche Zwänge genötigt werden, gegen sein Gewissen zu handeln. Hier ist vor allem der Gesetzgeber gefordert. Gefordert sind aber auch alle, die auf die öffentliche Bewußtseinsbildung Einfluß haben, vor allem die Vertreter der Medien. Nur indem sie das gewährleisten, bewährt die Demokratie ihre Überlegenheit über andere Staatsformen.

Aus den sehr umfangreichen Problemfeldern mögen nur – im Anschluß an den Fachlehrerplan für Ethik an Kollegstufen[130] – einige Gesichtspunkte herausgegriffen werden.

Medizinethik

Darunter fallen z. B. die Problembereiche Abtreibung, "Sterbehilfe" bei alten und kranken Menschen sowie die Gentechnologie, um nur ein paar markante Beispiele herauszugreifen. Zu letzterer herrschte immer die plausible Meinung vor, daß die aktive Tötung unmoralisch ist, daß man aber weder für sich selbst noch für andere die sog. künstlichen Mittel (Operation, medikamentöse Behandlung, Bestrahlung, künstliche Beatmung und Ernährung) bis zuletzt anwenden muß. Das bekannte "Abschalten der Geräte" in hoffnungslosen Fällen wäre nicht notwendig unerlaubt. Organspenden, Reproduktionsmedizin können in Grenzfällen zu ethischen Problemen führen, die vor allem auch den ethisch empfindenden Arzt moralisch erheblich belasten können. Vor allem die Organentnahme, die ja immer sofort nach eingetretenem Gehirntod erfolgen muß, kann sehr problematisch sein. Auch die Gentechnologie eröffnet ein weites Feld ethisch relevanter Fragen. Genmanipulation, ist, wenn es sich um menschliche Gene handelt, zweifelsfrei in jedem Fall mit der Menschenwürde nicht vereinbar.

Wirtschaftsethik

Der Ethiker *Johannes Messner* betont mit Recht, daß man ethische Spezialisierungen auf "Grund und Art der sittlichen Ordnungsprinzipien" zurückführen muß.[131] Aber gerade die Wirtschaftsordnung wirft Probleme auf, die nicht oder nicht so sehr den einzelnen, als vielmehr die gesamte gesellschaftliche Ordnung betreffen. Auch hier seien ein paar Hinweise als Anregungen zur weiteren Diskussion erlaubt:

Das Zinsnehmen war in früheren Zeiten vielfach verboten, z. B. bei den alten Ägyptern. Für die alttestamentlichen Juden galt: "Von deinen Volksgenossen darfst du keinen Zins nehmen, weder für Geld noch für Lebensmittel noch für irgend etwas, was man gegen Zinsen verleiht. Von Ausländern darfst du Zinsen fordern."[132] Die Babylonier und Assyrer kannten bereits den Darlehenszins. Platon, Aristoteles und Seneca verurteilten jedes Zinsnehmen. Von römischen Kaisern wurden gelegentlich Höchstzinsen festgesetzt, z. B. von Diokletian und Konstantin 12 %, von Justinian 6 % bzw. 8 %. Viele altchristliche Schriftsteller (Tertullian, Laktanz, Basilius, Gregor von Nazianz, Ambrosius, Augustinus) verurteilten das Zinsnehmen als Verstoß gegen die christliche Bruderliebe und gegen die Gerechtigkeit. Schon früher, z. B. auf der Synode von Elvira (300), und dann auf mehreren Konzilien, wurde das Zinsnehmen ausdrücklich verboten unter Strafe der Exkommunikation, für Kleriker zusätzlich unter Strafe des Entzuges sämtlicher Ämter. Auch die Reformatoren verwarfen i. a. das Zinsnehmen, besonders streng der Calvinismus. Die staatliche Gesetzgebung entsprach in der Regel der kirchlichen.

Die Ablehnung des Zinsnehmens beruht darauf, daß es als Form des Wuchers aufgefaßt wurde. Nun kann es sein, daß durch das Ausleihen von Geld oder Realien der Gläubiger selbst einen Gewinnausfall erleidet. Solche Überlegungen führten dazu, für ein fruchtbringendes Darlehen mäßige Zinsen für berechtigt zu erklären. Z. Beispiel betrachtete *Johannes Eck,* der bekannte theologische Gegner Luthers, aus diesem Grund Zinsen bis 5 % für berechtigt; die einflußreiche Universität von Bologna schloß sich dieser Auffassung an. Das 5. Laterankonzil (1517) und *Papst Benedikt XIV.* (1745) entschieden, bei grundsätzlich weiterer Gültigkeit des Verbotes, ebenfalls in diesem Sinne. Im heutigen kirchlichen Recht ist das Zinsnehmen erlaubt, wenn es sich nicht um Wucherzinsen handelt. Insofern unterscheiden sich kirchliches und bürgerliches Recht nicht grundsätzlich. Nur ist leicht einzusehen, daß die Grenze zwischen berechtigtem und Wucherzins nicht leicht und überhaupt nicht allgemein definiert werden kann. Ein Vertrag, in dem die Notlage eines Partners zur Forderung von Wucherzinsen ausgenützt ist, würde auch von einem staatlichen Gericht ohne weiteres für unmoralisch und damit ungültig erklärt werden.

Die Änderung der Haltung zur Zinswirtschaft wird gelegentlich als Beispiel aufgeführt, daß sich auch in der katholischen Kirche ethische Normen ändern können. Das Beispiel ist ungeeignet. Das Zinsverbot kann zwar als Norm bezeichnet werden, es handelte sich dabei jedoch um eine abgeleitete Norm, die sich mit den wirtschaftlichen Voraussetzungen, aus denen sie abgeleitet wurde, selbst ändern mußte.

Das Zinsproblem, das hier etwas ausführlicher behandelt wurde, ist nur eines der ethischen Probleme, die unser modernes Wirtschaftswesen mit sich bringt. Wenigstens auf ein sehr brisantes Problem sein noch verwiesen: Ist es richtig, daß die wirtschaftliche Macht, die gleichzeitig eine politische Macht ist, letzten Endes in den Händen einer kleinen und z. T. anonymen Gruppe liegt, die, meist unbemerkt von der Öffentlichkeit, wenigstens bis zu einem gewissen Grade auch die großen politischen Entscheidungen steuert? Sicher ist, daß wenigstens in der Bundesrepublik Deutschland die von Ludwig Erhard und Alfred Müller-Armack inaugurierte "soziale Marktwirtschaft" die Härten einer nur auf dem Prinzip des freien Wettbewerbs aufgebauten Wirtschaft mildert.

Technik und Ethik

Bis in die Mitte unseres Jahrhunderts bestimmte allein die Machbarkeit die Grenzen des Machbaren. Die stürmische Entwicklung der Technik und damit der soziale Fortschritt wären nicht möglich gewesen, wenn man schon seit 1800 so strenge Sicherheitsmaßstäbe an technische Projekte angelegt hätte wie heute. Davon unabhängig ist klar, daß z. B. ein Unternehmer nicht Gesundheit und Leben seiner Mitarbeiter um eines wirtschaftlichen Vorteils willen aufs Spiel setzen darf. Um das zu erkennen, bräuchte man wieder keine Spezialethik; dafür genügt das 5. Gebot. Schwieriger ist die Güterabwägung bei großen Entwicklungen. Hier sei beispielhaft die umstrittene Gewinnung von elektrischem Strom mit Hilfe der **Atomenergie** erwähnt. Der bisher größte Unfall, der GAU (größter anzunehmender Unfall) von Tschernobyl 1986, war auf ein veraltetes Sicherheitssystem zurückzuführen, zu dem noch menschliches Versagen kam. Fachleute sagen nun, daß bei einer weltweiten Anwendung der Atomenergie, auch mit modernsten Sicherheitsmaßnahmen, mit einem solchen GAU statistisch in einer gewissen Zeit zu rechnen ist. Die angegebenen Zeiten schwanken naturgemäß; man spricht u. a. von 20 Jahren. Doch was bedeutet eine solche statistische Aussage? Es heißt keineswegs, daß alle 20 Jahre ein solcher Unfall passieren wird; es könnte sein, daß 100 Jahre lang nichts passiert; es könnten aber auch schon nächstes Jahr zwei solche Unfälle passieren.

Nun gibt es bekanntlich drei Positionen. Die einen sind für die sofortige Abschaltung aller Kernkraftwerke. Das wirtschaftliche und soziale Chaos, das die notwendige Folge wäre, würden sie als das kleinere Übel in Kauf nehmen. Die zweiten sind für einen allmählichen Übergang zu herkömmlichen bzw. regenerativen Formen der Stromgewinnung. Die dritte hält Kernkraftwerke für wirtschaftlich unverzichtbar. Den ersten beiden Gruppen hat übrigens auch der verstorbene Kölner Erzbischof Kardinal Höffner Schützenhilfe geleistet, indem er die Meinung vertrat, daß wenn auch nur ein kleines Restrisiko bleibe, der Betrieb von Kernkraftwerken moralisch nicht zu rechtfertigen sei. Die Diskussion darüber erfordert hohe Sachkenntnis, statt dessen wird sie jedoch vielfach emotional geführt. Daß die sich stellenden Probleme auch für physikalisch gebildete Laien kaum zu durchschauen sind, verursacht ein Gefühl der Unbehaglichkeit, das von interessierten Kreisen auch zur Volksverhetzung mißbraucht werden kann. In diesem Rahmen kann es nur darum gehen, Anregungen zur Diskussion zu geben und nicht die Pro- und Contra-Argumente aufzulisten.

Das gilt auch für ein anderes technisches Gebiet, das einen erheblichen ethischen Aspekt hat, die **Computertechnik** mit ihren Problemen für den **Datenschutz.** Die totale Erfassung und Steuerung der Menschheit, wenigstens in Teilgebieten, ist dank der modernen Informationstechnik tatsächlich in den Bereich der Denkmöglichkeiten, wenn auch noch nicht der praktischen Möglichkeit, gerückt. Die schauerlichen Visionen Huxleys und Orwells, die übrigens beide noch nichts von dieser modernsten Technik wußten, gewinnen für viele Menschen beängstigende Wirklichkeitsnähe.

Schließlich sei auch noch auf die ethischen Probleme hingewiesen, die sich mit der **Verkehrsentwicklung** stellen. Auch hier ist längst nicht mehr der einzige Gesichtspunkt der greifbare wirtschaftliche Vorteil – oder besser: sollte es wenigstens nicht sein. Solche Probleme sind Verkehrssicherheit, soziale Aspekte und v. a. Umweltprobleme. Um die Bewältigung letzterer bemüht sich längst eine eigene Umweltethik.

Umweltethik

Es gibt ästhetische sowie die Natur und den Menschen schädigende Beeinträchtigungen der Umwelt. Wenn z. B. jemand im Wald ein Kaugummipapier wegwirft, kann von einer Schädigung der Natur noch kaum die Rede sein; aber es ist häßlich und beeinträchtigt den Erholungswert des Waldes für Spaziergänger. Das Wegwerfen von Glasflaschen, die zerbrechen und Tiere und Menschen verletzen können, ist schon problematischer. Lärmbelästigungen können gesundheitliche Schädigungen hervorrufen, wenn sie stark und häufig oder andauernd sind. Länderübergreifend und z. T. die ganze Erde gefährdend sind Verseuchungen des Meerwasser, z. B. durch lecke Öltankschiffe, Verklappung, sowie Veränderungen der Atmosphäre und vor allem, heute viel diskutiert, der Abbau der Ozonschicht.

Das Bewußtsein darüber, daß dies nicht alles schicksalshaft so ist, wie es ist, sondern daß jeder einzelne dazu beitragen kann, daß es anders im Sinne von besser wird, ist für die Beschäftigung mit ethischen Fragestellungen wesentlich. Jeder einzelne ist zu einem umweltfreundlichen Verhalten verpflichtet. Doch selbstredend muß wirksamer Umweltschutz über das Engagement jedes einzelnen in seinem eigenen Lebensbereich hinausgehen. So setzt effizienter Umweltschutz entsprechende Gesetze und internationale Verträge voraus, aber vor allem auch deren Einhaltung, wenn es nicht nur darum gehen soll, daß die Erde bewohnbar bleibt, sondern daß die Natur in ihrer ganzen Schönheit und mit ihrem über Jahrmillionen entwickelten Artenreichtum über Generationen hinaus erhalten werden soll. Nicht selten greifen hier Umwelt- und Wirtschaftsethik ineinander, wenn wirtschaftliche Interessen mit ethischen Verpflichtungen kollidieren. Hier ein konkretes Beispiel: Die Blaukehlchen gehören zu den gefährdeten Vogelarten. Nun fügte es sich vor Jahren, daß die Trasse der Autobahn von München nach Deggendorf durch ein Gebiet geplant wurde, in dem eine der wenigen noch existierenden Blaukelchenkolonien lebte. Dank des energischen Einsatzes einiger Naturschützer gelang es, bei der Autobahnverwaltung eine Änderung der Trasse zu erreichen, trotz der hohen Kosten, die aus einer solchen Verlegung – Verzögerung des Baus, neue Verhandlungen mit Grundstückseigentümern – naturgemäß folgen. Sonst könnten vielleicht einmal unsere Urenkel sagen: Blaukehlchen gibt es zwar nicht mehr, aber dafür war vor 100 Jahren der Bau der Autobahn ein bißchen billiger. Aber, wie gesagt, die Verantwortlichen erwiesen sich nach einigem Sträuben als einsichtig.

Auch nach *Herbert Gruhl*[133] besteht das eigentliche Umweltproblem nicht darin, daß da oder dort verstreut Unrat herumliegt – so unerfreulich das ist. Auch nicht darin, daß die eine oder andere Art der menschlichen Zivilisation zum Opfer fällt – das ist nur Folge. Das eigentliche Problem ist das Wachstum. Dem Wachstum in der Natur steht der Tod gegenüber, der das Wachstum regelt. Was man aber in der Wirtschaft als Wachstum bezeichnet, ist nach Gruhl kein wirkliches Wachstum (im Sinne des organischen Wachstums). Es ist ein Immer-mehr-Produzieren, um Bedürfnisse zu befriedigen, die zum großen Teil künstlich erzeugt wurden und deren Befriedigung den Menschen nicht glücklich macht. Im Sinne Sokrates', Platons und Kants wäre es Sache der Umweltethik, sich auf das "vere humanum" zu besinnen. Die vielen Einzelprobleme sind meistens Probleme für den Fachmann. Gruhl fordert mit Recht ein Umdenken. Ein ständiges Wachstum, wie es von den Wirtschaftspolitikern angestrebt wird, ist in mancher Beziehung angenehmer: Die Menschen sind einigermaßen zufrieden, Vollbeschäftigung und Geldstabilität sind vorhanden. Aber die Umweltprobleme wachsen uns über den Kopf. Bei einem Wachstum von 3 % jährlich verdoppelt sich die Produktion in etwa 24 Jahren. Sie wird sich in nicht ganz 80 Jahren verzehnfacht haben. Einmal wird auch die wirtschaftliche und soziale Katastrophe kommen. Es kommt dazu, daß die ärmeren Länder auf kostspielige Technologien zum Schutze der Umwelt, z. B. auf die teuren Luftfiltrieranlagen in Großkraftwerken, verzichten, um nicht allzu weit hinter den reichen Ländern zurückzubleiben. So z. B. bezog das Großkraftwerk Anglberg bei Freising, das mit die besten Luftreinigungsanlagen besitzt, aus der ČSSR schwefelarme Steinkohle, die diese um der Devisen willen gerne verkaufte. In den tschechischen Kohlekraftwerken verbrannte man statt dessen ohne Luftreinigung tschechische Braunkohle mit einem sehr hohen Schwefelgehalt.

Auf eine Besonderheit in bezug auf die Umweltethik sei noch verwiesen: Würden z. B. alle Menschen lügen, aber ein einziger nicht, so würde dieser einzige in sich, vielleicht bei äußeren Nachteilen, die Tugend der Wahrhaftigkeit, die der Kardinaltugend der Gerechtigkeit zuzuordnen ist, verkörpern. Er besäße den ganzen inneren Vorteil dieser Tugend. Wären dagegen alle Menschen Umweltsünder, aber ein einziger nicht, so würde ihm das gar nichts nützen. Die Erreichung des Zieles umweltgerechten Verhaltens setzt eine kollektive Einstellung voraus, die tief in die Freiheit des einzelnen eingreifen und sogar zu einer Art Umwelthysterie führen kann. Wenn jemand nur aus Angst vor Strafe nicht stiehlt, ist es immer noch besser, als wenn er stiehlt. Und wenn ein Unternehmer nur aus Angst vor Strafe oder gesellschaftlicher Ächtung seinen Giftmüll nicht im eigenen Grundstück vergräbt, ist es immer noch besser, als wenn er es tut. Ethisch handelt er jedoch nur, wenn er sich aus personalem Verantwortungsbewußtsein umweltfreundlich verhält.

Normenethik

Das Wort Normenethik enthält eigentlich einen Pleonasmus; ist es doch gerade das Wesen der Ethik, Normen, also verbindliche Regeln, zu setzen. Nur hedonistische Ethiken verzichten auf solche Normen, aber sie unterscheiden sich von einer wirklichen Ethik ungefähr wie die Rezepte eines Feinschmeckerlokals von einem wissenschaftlichen Lehrbuch der Ernährungsmedizin.[134] *Hermann Lübbe* (geb. 1926) macht in bezug auf die Normengebung auf zwei Stufen aufmerksam: "Normenbegründungsverfahren und Normendurchsetzungsverfahren"[135]. Das Normendurchsetzungsverfahren ist mehr eine politische Sache. Lübbe stellt fest: Es ist "keine moralische Erziehung vernünftig, die nicht die Erziehung zur Fähigkeit einschlösse, in begründeten Fällen ein Handeln an Normen zu orientieren, die nun einmal (sozial) gelten, obwohl ihre Begründung dunkel oder ersichtlich mangelhaft ist. Diese Regel gilt deswegen, weil die Integrität der Normeninkraftsetzungsverfahren im Regelfall sozial richtiger ist als die Solidität der Begründung der Norm, deren soziale Geltung verfahrensmäßig in Kraft gesetzt worden ist. Genau darauf beruht auch die Legitimität des Mehrheitsprinzips."[136] Lübbe sieht durchaus, daß "der eigentlich interessante Fall der einer Begründung praktischer Normen" ist.[137] Das scheint in einer pluralistischen Gesellschaft mit demokratischen Strukturen den Rekurs auf einen "übergeordneten, gemeinsamen Willen" zu erfordern, mit anderen Worten auf die Rousseausche "volonté générale", die eigentlich immer die Ursache neuer Diktaturen war, in denen die jeweiligen Machthaber die eigenen Interessen mit der angeblichen "volonté générale" identifizierten. Hier stehen wir an der Crux einer Ethik und eines Ethikunterrichtes in einer pluralistischen Gesellschaft. Daß fast jeder Mensch gerne lebt und gerne gut lebt, wäre schon fast so etwas wie eine Grundnorm, die *Wilhelm Kamlah* mit den Worten formuliert: "Es ist jederzeit jedermann geboten zu beachten, daß seine Mitmenschen bedürftig sind wie er, und demgemäß zu handeln."[138] Man kann mit *Karl-Otto Apel* bis an die Grenze gehen, nämlich zu einer "idealen Kommunikationsgemeinschaft". Nur muß auch Apel zugeben, daß es sich um eine "Unterstellung" handelt, ohne die "jede ernst gemeinte Diskussion ihren Sinn verlieren"[139] würde. Es sei die Frage zur Diskussion gestellt, ob es heute nicht absurd ist, eine "ideale Kommunikationsgemeinschaft" zu unterstellen.

Aus bloßen Seinsfeststellungen kann kein Sollen gefolgert werden. Diesen heute als deontologisch bezeichneten Grundsatz hat bereits Aristoteles explizit berücksichtigt, als er seiner "Nikomachischen Ethik" die meist lateinisch zitierte Bestimmung vorausschickte: "Bonum est, quod omnia appetunt" ("Gut ist, wonach alle streben"). Die mittelalterliche Philosophie hat das Gutsein unter die transzendentalen Seinsbestimmungen aufgenommen (vgl. S. 28), wodurch bereits die allgemeine Bestimmung des Seins die Verpflichtung und Auszeichnung für die durch Freiheit ausgezeichnete menschliche Existenz einschließt, sich diesem Sein gemäß zu verhalten. Ohne diese Voraussetzung gibt es keine Ethik. Die wirklich bedeutenden ethischen Systeme der Geschichte haben diesen Grundsatz mindestens implikativ vorausgesetzt. Sie stimmen überein in der Maxime Platons: "Dies ist die beste Lebensweise, wenn man im Leben und im Tode die Gerechtigkeit und überhaupt die Tugend übt."[140]

Anmerkungen

1 Ota Weinberger: "Normenlogik und Rechtstheorie". Akten des XIV. Internationalen Kongresses für Philosophie, Band II. Wien 1968, S. 297.

2 Unter "Vorsokratikern" versteht man die griechischen Philosophen bis Sokrates. Soweit sie Schriften verfaßt haben, sind diese nur in Bruchstücken erhaltne. Die maßgebende, in zahlreichen Auflagen erschienene Fragmentensammlung stammt von Hermann Diels (1. Auflage 1903 mit Widmung an Wilhelm Dilthey). Das Werk ist dreibändig und wird gewöhnlich nur mit "Diels" und der Angabe von Band und Auflage zitiert.

3 Esoterisch (Gegensatz: exoterisch) nennt man Gruppen von Eingeweihten, die ihre Weisheit, ihr Wissen Außenstehenden nicht mitteilen wollen.

4 Die Monochord ist ein im Physikunterricht auch heute noch gebrauchtes akustisches Gerät, eine über einen Holzkasten (als Resonanzkasten) gespannte Saite. Verschiebt man einen Steg, auf dem die Saite aufliegt, so erhält man beim Zupfen der Saite verschiedene Töne; diese Töne bilden harmonische Akkorde, wenn die durch den Steg definierten Saitenlängen einfache Zahlenverhältnisse bilden. Die Physik zeigt – was die Griechen noch nicht wissen konnten –, daß diese Verhältnisse der Saitenlängen gleichzeitig Frequenzverhältnisse sind. Die Versuche wurden von den Pythagoräern mit einer erstaunlichen Exaktheit durchgeführt, so daß sie z. B. schon zwischen großem Ganzton (9 : 8) und kleinem Ganzton (10 : 9) unterscheiden konnten.

5 Diels I^8 469, Zeile 37

6 Zum Teil nach Ernst Howald: "Ethik des Altertums", 1926

7 Man spricht hier auch von sokratischer Ironie, von εἰρωνεύεσθαι (sich beim Reden, Fragen verstellen).

8 Sophist heißt soviel wie Weisheitslehrer. Die wichtigsten waren Protagoras, Gorgias und Kritias. Von *Protagoras* stammt der Satz: "Der Mensch ist das Maß aller Dinge." Er gilt damit als Begründer eines erkenntnistheoretischen und ethischen Relativismus. Von *Kritias,* einem der dreißig Tyrannen, stammt die später von Karl Marx wieder aufgenommene Behauptung, die Religionen und Ehtikvorschriften seien von den Mächtigen zur Beherrschung der Menschen erfunden. Wer die Macht dazu habe, brauche sich an keine ethischen Normen zu halten. Wie er war auch *Gorgias* ein reiner Zyniker (das Wort im modernen Sinne gebraucht), der sich rühmte, er könne mit seiner Redekunst vor Gericht die schlechtere Sache zur besseren machen.

9 Vgl. Wilhelm Ettelt: "Mathematische Beispiele bei Platon"; in "Gymnasium" Heft 68/2 (1961)

10 Platon lehrte in den Gärten des Akademos, woraus für seine Schule der Name Akademie entstand. Die platonische Akademie bestand über 900 Jahre lang. Im 15. Jh. gründete *Cosimo di Medici* eine "Accademia Platonica". Seitdem wird dieser Begriff häufig für Hochschulen und hochschulähnliche Institute gebraucht.

11 Der Mensch als Mikrokosmos spiegelt den Makrokosmos. Er ist also selbst eine kleine Analogwelt zur großen Welt. Das ist der angebliche Grund dafür, daß wir durch astrologische Beobachtungen Charakter, gesundheitliche Zusammenhänge und sogar die Zukunft des Menschen erkennen können. Der Begriff des Mikrokosmos stammt von *Boëthius* (um 480–524).

12 Vgl. dazu Heinrich Scholz: "Abriß der Geschichte der Logik", [2]1959; J. M. Bochenski: "Formale Logik", 1956

13 Nikomachische Ethik, 1105 b

14 Bezeichnend ist die Stelle aus der Odyssee, an der Odysseus bei seinem Besuch in der Unterwelt den Achilleus rühmt, daß er sogar unter den Schatten als der Mächtigste erscheine. Achill antwortet, er wäre lieber auf Erden der Knecht eines selbst armen Mannes als Herrscher der abgeschiedenen Seelen. Andererseits beruft sich Sokrates (nach Plato, Gorgias 523) auf den Mythos vom Totengericht durch die drei Totenrichter Minos, Thadmantys und Aiakos, die den Verstorbenen, der nackt vor ihnen erscheinen muß, je nach seiner Lebensführung entweder mit dem Tartaros bestrafen oder mit dem Paradies (Insel der Seligen) belohnen.

15 Nikomachische Ethik, 1107 a6

16 Horaz, Oden 2, X

17 Metaphysik, 1255 a40

18 Nikomachische Ethik, 1153 b

19 Zitiert nach J. M. Bochenski: "Formale Logik", 1956, S. 132

20 Joseph Meureres: "Die Frage nach Gott und die Naturwissenschaft", 1952

21 Nach Albert Stöckl: "Grundriß der Geschichte der Philosophie", 1911

22 Friedrich Schiller aus dem Gedicht "Das Eleusische Fest"

23 Vgl. dazu Hans Leisegang: "Die Gnosis", [4]1955

24 R. Kamitz: "Positivismus, Befreiung vom Dogma", 1973

25 Vgl. dazu Hans Lakebrink: "Klassische Metaphysik – Eine Auseinandersetzung mit der existentialen Anthropozentrik", 1967

26 Hans Urs von Balthasar: "Apokalypse der deutsche Seele", 1937–1939

27 Rudolf Steiner: "Wie erlangt man Erkenntnis der höheren Welten?", 1961, S. 11

28 Alain the Astrologer, zitiert nach Reinhard König: "New Age, Geheime Gehirnwäsche", [5]1988, S. 18/19

29 Alois Dempf: "Ethik des Mittelalters", 1927, S. 12

30 Johann Wolfgang von Goethe: Faust I, Studierzimmerszene

31 Ebd.: Prolog im Himmel

32 Vgl. Friedrich de la Motte Fouqué: "Das Galgenmännlein" und Annette von Droste-Hülshoff: "Der Spiritus familiaris des Roßtäuschers" sowie Ottfried Preußler: "Krabat"

33 Thomas Mann zitiert die Satanshymne Carduccis auszugsweise in seinem Roman "Der Zauberberg"; ganz (mit italienischem Text und deutscher Übersetzung) bringt sie Gerhard Zacharias, S. 133 ff.

34 Einige Bibelexegeten vertreten neuerdings die These, daß sich der Eingottglaube der Juden erst allmählich entwickelt habe, daß sie ihren Stammesgott zunächst nur als den Mächtigsten aller Stammesgötter betrachtet haben. Der Schöpfungsbericht jedenfalls widerspricht dieser These.

35 Die moralische und rechtliche Stellung der Frau im Alten Testament entspricht zwar nicht modernen Emanzipationsvorstellungen, doch weist Michael Faulhaber in "Charakterbilder der biblichen Frauenwelt", [7]1938, darauf hin, daß die Wertschätzung der Frau in dieser Zeit diejenige aller anderen Kulturen und sogar des späteren talmudistischen Judentums übertrifft.

36 Als Altes Testament bezeichnet man die vorchristlichen Bücher der Bibel. Sie sind mit einigen Ausnahmen Juden und Christen gemeinsam, wobei die Juden natürlich nicht von einem Altem Testament sprechen, da sie kein Neues anerkennen. Ausnahmen sind einige Bücher, die nur noch in griechischer Übersetzung vorhanden sind (z. B. 2. Makk.) und deshalb von den späteren Juden nicht als kanonisch anerkannt wurden. Das Neue Testament enthält die vier Evangelien, die Apostelgeschichte, die Apostelbriefe, unter denen die Paulusbriefe hervorragen, sowie die Apokalypse. Die Schriften des NT sind griechisch verfaßt, wahrscheinlich mit Ausnahme des Matthäus-Evangeliums, das nach Papias hebräisch verfaßt worden ist. Aber auch von ihm ist nur noch die griechische Fassung erhalten.

37 1. Kor. 13,12. Die Hoffnung wurde als "Prinzip Hoffnung" von dem marxistisch-existentialistischen Philosophen *Ernst Bloch* in den Rang einer Grundbefindlichkeit unserer Existenz erhoben, da wir aus einer zum Scheitern verurteilten Existenz heraus leben ("Das Prinzip Hoffnung", 1954–1956 in 3 Bänden).

38 Exodus 3. Da das zitierte Bibelwort im Buch Exodus steht, spricht man geradezu von einer "Exodus-Metaphysik"; vgl. Rudolf Berlinger: "Augustins dialogische Metaphysik", 1962; ders.: "Der Name Sein – Prolegomena zu Augustins Exodus-Metaphysik"; in: "Wirklichkeit der Mitte", Festgabe für August Vetter, 1968

39 Z. B. Lukas 16,18; 1. Kor. 7,39

40 Dietrich von Hildebrand: "Die Ehe", [2]1958, "Man and Woman", Chicago 1966

41 Cesare Beccaria: "Dei delitti e delle pene", Neapel 1764

42 Vgl. Hans Jochen Vogel: "Gustav Radbruch als Rechtsdenker und Rechtspolitiker"; in: "Das Parlament" Nr. 47, 25. November 1978

43 Vgl. Josef Ratzinger: "Einführung in das Christentum", 1968, S. 230 ff.

44 Rupert Berger (Verfasser eines Liturgie-Lexikons) in einem Vortrag 1968

45 Franz Schnabel: "Die deutsche Geschichte im 19. Jahrhundert", Bd. 1, ^{5}1959, S. 10

46 Ders., a. a. O.: Schnabel verweist in diesem Zusammenhang auf den italienischen Dichter Dante Alighieri, dessen Epos "Divina Comedia" ("Göttliche Komödie") eine überwältigende poetische Zusammenschau des christlichen Weltbildes darstellt. Ich verweise in diesem Zusammenhang auf eine moderne Dichtung, die in unserer Zeit die Tendenz Dantes in origineller Weise wieder aufgenommen hat: *Konrad Maria Lutz:* "Jenseitsreise", 1992

47 Lexikon für Theologie und Kirche, Stichwort "Staat"

48 Jakob Fellermeier: "Abriß der katholischen Gesellschaftslehre", 1956, S. 139

49 Ebd. S. 141

50 Ebd. S. 141

51 Ansprache am 17. 6. 1965

52 Abgelehnt wurde sie vor allem von *Karl Barth.* Unter den neueren katholischen Denkern, die sich mit dem Problem der Analogie auseinandergesetzt haben, nenne ich Erich Przywara: "Analogia entis", 1932, und Alois Dempf (diversis locis).

53 Vgl. Pius XI.: "Quadragesimo anno", 1931; Josef Pieper: "Die Neuordnung der menschlichen Gesellschaft", 1932; Oswald von Nell-Breuning: "Die soziale Enzyklika", 1950

54 Aus der Bewegung der "devotio moderna" ging das Thomas von Kempen zugeschriebene Buch "De imitatione Christi" ("Von der Nachfolge Christi") hervor, das bis heute zu den meistgelesenen Büchern der Weltliteratur gehört.

55 René Descartes: "Meditationen über die erste Philosophie", deutsche Ausgabe bei Meiner, Hamburg. Der Satz wird gewöhnlich lateinisch zitiert: "Cogito ergo sum sive existo."

56 Als Enzyklopädisten bezeichnet man einen Kreis liberaler, meist atheistischer oder deistischer Gelehrter um Diderot und d'Alembert (darunter Rousseau und Voltaire), der in den Jahren von 1751 bis 1780 die große französische Enzyklopädie verfaßte.

57 Pierre-Simon de Laplace: "Essai philosophique sur les probabilités", Introduktion, Paris 1814. Dazu Wilhelm Ettelt: "Die Erkenntniskritik des Positivismus und die Möglichkeit der Metaphysik", 1979, S. 55 ff.

58 In Ermangelung von Notizpapier schrieben die Römer auf mit Wachs überzogenene Metallplatten. Wurde die Notiz überflüssig, so schabte man das Wachs wieder glatt und hatte dann eine "tabula rasa" (von "radere": schaben): John Locke übernahm diese Vorstellung als Bild für die Seele.

59 Dazu Sterling Power Lamprecht: "The moral and political philosophy of John Locke", New York 1962

60 In der Redensart "ab nach Kassel" hat sich die Erinnerung daran bis heute erhalten. Kassel war die Sammelstelle für die Zwangsrekrutierungen.

61 Immanuel Kant: "Kritik der reinen Vernunft", 1787 XXII

62 1781 erschien die erste, 1787 die zweite Auflage des genannten Werkes. Kant hat die zweite Auflage in wichtigen Punkten erweitert und ergänzt. Sie gilt deshalb als die maßgebende Fassung des Werkes. Zitiert wird mit A für die Ausgabe von 1781, mit B für die von 1787 und der Seitenzahl der Originalausgaben.

63 Curt Friedlein: Geschichte der Philosophie, Berlin ^{14}1984, S. 221

64 Ebd. S. 236. Es sei in diesem Zusammenhang auch darauf hingewiesen, daß sich von dieser "Philosophie des Als-Ob" ein Bogen zum Existentialismus unseres Jahrhunderts schlagen läßt, da dieser Thesen wie die der Existenz Gottes und der Unsterblichkeit der Seele nicht nach ihrem objektiven Wahrheitsgehalt, sondern nur noch nach ihrer (begrifflich kaum zu definierenden) Bedeutung für unser Existenzgefühl, unserem "Sich-Verwirklichen", prüft. Gott wird zur "Chiffre für Mitmenschlichkeit", wonach das Reden von Gott nur noch Voraussetzung für wirksames soziales und politisches Handeln ist. Theologische Spekulationen, z. B. über Trinität, Himmel, Hölle usw. werden damit sinnlos. (Zu nennen wäre hier vor allem die Rahnerschule mit Johann Baptist Metz, Herbert Vorgrimler und Roman Bleistein mit ihrer "politischen Theologie".)

65 Kant hat an der "Kritik der reinen Vernunft" rund 10 Jahre lang gearbeitet. Die vorausliegende Zeit, in der er sich weithin zur Leibniz-Wolffschen Philosophie bekannte, nennt man seine vorkritische Zeit.

66 Die Grundstruktur des ontologischen Beweises ist folgende: Wer Gott denkt, denkt ihn als das höchste Wesen, das überhaupt denkbar ist. Nun ist ein Wesen, dessen Sein notwendig ist, ohne Zweifel höher als ein Wesen dessen Sein zufällig ist. Wenn wir also Gott denken, denken wir ihn als notwendig seiend. Aus dem Begriff Gottes folgt also mit Notwendigkeit bereits seine Existenz. – Schon Gaunilo und Thomas von Aquin haben die Logik dieses Gedankenganges bestritten. Trotzdem erwies sich das ontologische Argument als eines der fruchtbarsten Philosopheme der Geschichte. Dieter Henrich hat eine eindrucksvolle Fülle von Belegen über seine Wirksamkeit in der neueren Philosophie zusammengestellt: "Der ontologische Gottesbeweis. Sein Problem und seine Geschichte in der Neuzeit", ^{2}1967. Eine der gehaltvollsten Arbeiten zum Problem selbst ist von Rudolf Berlinger: "Das höchste Sein. Strukturmomente der Metaphysik des Anselm von Canterbury" in: "Philosophie als Weltwissenschaft", 1975, S. 157 ff.

67 "Kritik der praktischen Vernunft", 55 § 7

68 Vgl. mit mathematischen Postulaten oder Axiomen. Es handelt sich dabei um erste unbewiesene und unbeweisbare Sätze, z. B. das Kommutativgesetz, deren Gültigkeit postuliert wird, damit Mathematik darauf aufgebaut werden kann.

69 Theodor Litt: "Ethik der Neuzeit", 1926, S. 109

70 J. G. Fichte: "System der Sittenlehre", 1798

71 Ders.: "Anweisung zum seligen Leben", 10. Vorlesung

72 Ebd.: 11. Vorlesung

73 Vgl. "Reden an die deutsche Nation", 1808

74 W. F. Hegel: "Enzyklopädie", § 379

75 Ders.: "Phänomenologie des Geistes", VI. C. a.

76 Ders.: "Enzyklopädie", Bd. 3, § 512

77 Ders.: "Enzyklopädie", Bd. 3, § 482; ebenso "Religionsphilosophie", Bd. 2; "Rechtsphilosophie", § 331

78 Albert Stöckl: "Geschichte der neueren Philosophie", Bd. 2, S. 169

79 W. F. Hegel: "Enzyklopädie", Bd. 3, § 554

80 Schuberts Buch "Ansichten von der Nachtseite der Naturwissenschaften" (1808) enthält den Bericht von dem Faluner Bergknappen, der am Morgen des Tages, der sein Hochzeitstag sein sollte, in der Meinung, noch einen großen Schatz zu finden, in die Grube stieg und dort einem Grubenunglück zum Opfer fiel. Jahrzehnte später wird die vom Vitriolwasser konservierte Leiche eines jungen Mannes geborgen, in dem die ehemalige Braut, jetzt ein altes Weiblein, ihren Bräutigam wiedererkennt. Die Erzählung regte mehrere Dichter zur Gestaltung an; vgl. E. T. A. Hoffmann: "Die Bergwerke zu Falun" (Novelle), Johann Peter Hebel: "Unverhofftes Wiedersehen" (Kurzgeschichte) und Hugo von Hofmannsthal: "Das Bergwerk zu Falun" (Drama).

81 Vor allem in seinen Frühschriften: "Von der Weltseele, eine Hypothese der höheren Physik zur Erklärung des allgemeinen Organismus" (1798) und "Bruno, über das natürliche und göttliche Prinzip der Dinge" (1802)

82 F. W. Schelling: "Bruno, über das natürliche und göttliche Prinzip der Dinge" (1802)

83 Ebd.

84 Aus einer Tischrede vom Mai 1540; Ausgabe von Otto Clemen: "Luthers Werke in Auswahl", Bd. 8, 1950, S. 244

85 Aus einer Tischrede von Anfang 1533; in: Clemen, a. a. O., S. 54/55

86 Johann Gottfried Herder: "Briefe zur Förderung der Humanität"; Kapitel "Vom Zeitgeist"

87 Friedrich Schiller: "Das Lied von der Glocke"

88 G. E. Lessing: "Eine Duplik", Kapl. I

89 Friedrich Schiller: "Begeisterung"

90 Aus Schillers Rezension "Über die Iphigenie auf Tauris"

91 Aus einem Widmungsgedicht für den Schauspieler Wilhelm Krüger: "Was der Dichter diesem Bande". Krüger hatte 1827 in Weimar den Orest dargestellt.

92 Im Gegensatz dazu war für Leibniz unsere Welt die beste aller denkbaren Welten. Wir stellen fest: hier rationalistischer Optimismus, dort irrationalistischer Pessimismus.

93 Karl Marx: "Collected Works", Bd. I; New York 1974

94 Vorwort zu Karl Marx: "Das Kapital", gekürzte Ausgabe 1929

95 Marianne Lange: "Die Entwicklung der Kultur in der sozialistischen Gesellschaft"; in: "Proceedings of the XVthe World Congress of Philosophy, Sofia 1973, S. 195; Marx-Zitate aus: "Ökonomisch-philosophische Manuskripte aus dem Jahre 1844, Ergänzungsband, 1. Teil; Berlin 1968

96 Aus dem satirischen Epos Heinrich Heines: "Deutschland, ein Wintermärchen", Caput I

97 Marianne Lange, a. a. O., S. 194

98 Das "Einjährige" war in Deutschland und Österreich bis zum 1. Weltkrieg eine Einrichtung von fragwürdiger sozialer Berechtigung. Abiturienten bzw. junge Männer mit Oberstufenreife mußten nur ein Jahr Wehrpflicht leisten. Nichtabiturienten zwei Jahre. Wie sehr diese Einrichtung für die weniger Berechtigten deklassierend wirkte, geht aus den Lebenserinnerungen von Max Dauthendey, "Der Geist meines Vaters", hervor, in denen er erzählt, daß ihn sein älterer Bruder, der das Gymnasium nicht geschafft hatte, beinahe ermordet hätte, weil er einmal eine spöttische Anspielung machte, daß er zwei Jahre dienen müsse.

99 Friedrich Nietzsche: "Das Verhältnis der Schopenhauerschen Philosophie zu einer deutschen Kultur", 1872; "Schopenhauer als Erzieher", 1874

100 Die Vorstellung vom Antichristen ist durch mehrere Stellen des Neuen Testamentes begründet: Thess. 2, 3–10; 1 Joh. 2, 18.22; 4,3; 2 Joh. 7; Apok. 19, 11–21. Das Wort selbst kommt vor in 1 Joh. 2, 18. Wie sich die christliche Vorstellung weiterentwickelt hat, ist der Antichrist ein Genie, das am Ende der Zeiten die Menschheit unter seiner Führung einigen und dadurch vor einem katastrophalen Krieg retten wird. Dann aber wird er daran gehen, die Religionen zu unterdrücken und sich selbst göttliche Ehren erweisen zu lassen. Sein endlicher Sturz leitet die Wiederkunft Christi ein. –Dazu: John Henry Newman: "Der Antichrist nach der Lehre der Väter", deutsch 1951; Wladimir Solowjew, "Kurze Erzählung vom Antichrist", deutsch 1968. Schließlich verweise ich auf den Antichristroman von Robert Hugh Benson: "Lord of the World " (1907)

101 Rudolph Berlinger in: "Nietzsche kontrovers"; hrsg. von R. Berlinger und W. Schrader, 1981, S. 6

102 Friedrich Kaulbach in: "Nietzsche kontrovers", S. 62

103 Z. B. bei Franz Austeda: "Wörterbuch der Philosophie", 1962

104 Johannes Hessen: "Existenzphilosophie", [2]1948, S. 104

105 Martin Heidegger: "Sein und Zeit", § 40

106 zitiert nach Johannes Hessen, a. a. O., S. 104

107 Peter Wust: "Der Mensch und die Philosophie. Einführung in die Existenzphilosophie", Regensburg–Münster 1947, S. 17/18

108 Dazu Franz Selmeier: "Das nationalsozialistische Geschichtsbild und der Geschichtsunterricht 1933–1945", Dissertation München 1969

109 Vgl. Alexander Solschenizyn: "Archipel Gulag", 1974

110 Nach Walter Brugger: Philosophisches Wörterbuch, ^{3}1950

111 Ernst Troeltsch: "Die Soziallehren der christlichen Kirchen", 1912

112 Zur Methode ist grundsätzlich zu sagen, daß es richtig ist, daß jedes sichere Erkennen von Evidenz begleitet sein muß. ("Sicheres Erkennen" ist an sich schon eine Pleonasmus, da es ein unsicheres Erkennen nicht gibt!) Indem wir eine entsprechende Überlegung vollziehen, erkennen wir gleichzeitig, daß diese Überlegung mit Sicherheit richtig ist. Wenn man z. B. die Gleichung

$$\frac{1}{x} + \frac{x}{x+3} = \frac{9}{10}$$

nach den bekannten Regeln auflöst und als Ergebnis die Werte 2 und 15 erhält, so kann man tatsächlich bei entsprechender Konzentration mit Sicherheit über die Richtigkeit der Lösung urteilen. Der Sicherheitsfaktor ist nicht etwa fast gleich 1, z. B. $1-10^{-10}$; er ist exakt gleich 1. Wenn man aber nicht mit voller und beständiger Aufmerksamkeit gerechnet hat, kann man auch nicht mit voller Sicherheit der Richtigkeit der Lösung gewiß sein. So ist einem in Anbetracht eines fehlerhaften Ergebnisses oft nachträglich noch die Stelle bewußt ist, an der man zerstreut war oder ein Gefühl der Unsicherheit hatte. (Übrigens ist die Evidenz zu unterscheiden von einem Evidenzgefühl.) Bedenklich wird es nun aber, wenn man für jede angebliche Wesenserkenntnis Evidenz in Anspruch nimmt, wie es die Phänomenologen tun. Auch kann die phänomenologische Betrachtung nicht zu einer sachlichen Begründung führen. Trotzdem ist nicht zu leugnen, daß gerade die phänomenologischen Ethiker durch ihre auf tiefer Intuition beruhenden Analysen eine größere Klarheit in den Aufbau der Wertehierarchie gebracht sowie auf Gesichtspunkte aufmerksam gemacht haben, die bis in unser Jahrhundert weitgehend unbeachtet geblieben sind. Den vielen aber, die geneigt sind, über die Phänomenologie zu spotten, möchte ich die Empfehlung eines meiner eigenen Philosophielehrer, der kein Phänomenologe war, weitergeben: Sie sollen mit ihrem Spott so lange zurückhalten, bis sie selbst wenigstens eine einzige saubere phänomenologische Analyse zustande gebracht haben!

113 Max Scheler: "Der Formalismus in der Ethik und die materiale Wertethik"

114 Ebd.: Die Vertreter eines philosophischen Personalismus gehören im wesentlichen der ersten Hälfte unseres Jahrhunderts an: *Ferdinand Ebner* (1982–1931), der im Anschluß an den dänischen Religionsphilosophen *Sören Kierkegaard* (1813–1855) die Existenz des Menschen in der Ich-Du-Beziehung begründet sieht; *William Stern* (1871–1938), der einen "kritischen Personalismus entwickelt hat, u. a. Auch *Karol Wojtyla*, der gegenwärtig regierende Papst Johannes Paul II., kann als Vertreter des Personalismus betrachtet werden, zu dem ihn seine Beschäftigung mit Max Scheler geführt hat.

115 Max Scheler: "Die Formen des Wissens und die Bildung", 1925; "Die Wissensformen und die Gesellschaft", 1926

116 Dietrich von Hildebrand: "Idolkult und Gotteskult", 1974; "Metaphysik der Gemeinschaft", 1975, S. 333 und an vielen anderen Stellen

117 Vgl. I. Kant: "Kritik der praktischen Vernunft", 1. Teil, I. Buch, 3. Hauptstück

118 Dietrich von Hildebrand: "Die Menschheit am Scheideweg", 1955, S. 50

119 Vgl. Viktor Kraft: "Der Wiener Kreis. Der Ursprung des Neopositivismus", Wien 1950

120 Hans Reichenbach: "Der Aufstieg der wissenschaftlichen Philosophie", 1953; dazu auch Wilhelm Ettelt, a. a. O.

121 Moritz Schlick: "Fragen der Ethik", 1930

122 Vgl. Theodor Litt, a. a. O. (vgl. Anm. 69)

123 Interview im "Spiegel", Nr. 1/2, 1970, S. 80

124 Vgl. Günther Patzig: "Ethik ohne Metaphysik", 1971

125 Vgl. Alexander Mitscherlich: "Auf dem Weg zur vaterlosen Gesellschaft", 1963; "Toleranz, Überprüfung eines Begriffes", 1974

126 Ota Weinberger, a. a. O. (vgl. Anm. 1)

127 J. M. Bochenski: "Einführung in die Logik der Autorität", 1974, S. 53

128 R. M. Hare: "The Language of Morals", Oxrod 1952, S. 28, zitiert nach Craemer-Ruegenberg: "Moralsprache und Moralität", 1945, S. 61

129 Ebd.: ähnlich William Frankena: "Analytische Ethik", deutsch 1972. Auch Frankeny betrachtet den Hedonismus als notwendige Grundlage der Ethik.

130 Amtsblatt des Bayerischen Staatsministeriums für Unterricht und Kultus, Wissenschaft und Kunst, Teil I, Sondernummer 12; Jg. 1992; 30. März 1992; Lehrplan für das bayerische Gymnaisum, Fachlehrerplan für Ethik

131 Johannes Messner: "Kulturethik", Innsbruck ^{2}1954, Vorwort

132 Deut. 23, 20

133 Herbert Gruhl: "Ein Planet wird geplündert", 1975

134 Vgl. Platon: "Gorgias" 4826 ff.

135 Hermann Lübbe: "Politische Praxis der Normenbegründung"; in: "Reader zum Funkkolleg, Praktische Philosophie"; Ethik 1; hrsg. von Karl-Otto Apel usw.; Frankfurt 1980, S. 252–263, Zitat S. 253

136 A. a. O., S. 256

137 A. a. O., S. 261

138 Zitiert nach Lübbe, a. a. O., S. 263

139 Karl-Otto Apel: "Die Konflikte unserer Zeit und das Erfordernis einer ethisch-politischen Grundorientierung"; in "Reader ..." (vgl. Anm. 135), S. 267–292; Zitat S. 288

140 Platon: "Gorgias", 527e

Stichwortverzeichnis

Personenregister

Sachregister

Ihre Meinung ist uns wichtig!

Ihre Anregungen sind uns immer willkommen. Bitte informieren Sie uns mit diesem Schein über Ihre Verbesserungsvorschläge!

Titel-Nr.	Seite	Vorschlag

Bitte hier abtrennen

Bitte hier abtrennen

Zutreffendes bitte ankreuzen!

Die Absenderin/der Absender ist:

- ☐ Lehrer/in in den Klassenstufen: ____
- ☐ Fachbetreuer/in
  Fächer: ____
- ☐ Seminarlehrer/in
  Fächer: ____
- ☐ Regierungsfachberater/in
  Fächer: ____
- ☐ Oberstufenbetreuer/in
- ☐ Schulleiter/in
- ☐ Referendar/in, Termin 2. Staatsexamen: ____
- ☐ Leiter/in Lehrerbibliothek
- ☐ Leiter/in Schülerbibliothek
- ☐ Sekretariat
- ☐ Eltern
- ☐ Schüler/in, Klasse: ____
- ☐ Sonstiges: ____

Unterrichtsfächer: **(Bei Lehrkräften!)**

____

STARK Verlag
Postfach 1852
85318 Freising

Kennen Sie Ihre Kundennummer?
Bitte hier eintragen.

Absender (Bitte in Druckbuchstaben!)

Name/Vorname

Straße/Nr.

PLZ/Ort/Ortsteil

Telefon privat

Geburtsjahr

E-Mail

Schule/Schulstempel (Bitte immer angeben!)

18-V1T

Bitte ausfüllen und im frankierten Umschlag an uns einsenden. Für Fensterkuverts geeignet.

Sicher durch das Abitur!

Effektive Abitur-Vorbereitung für Schülerinnen und Schüler:
Klare Fakten, systematische Methoden, prägnante Beispiele sowie Übungsaufgaben auf Abiturniveau mit erklärenden Lösungen zur Selbstkontrolle.

Mathematik

Analysis I Pflichtteil – Baden-Württemb.	Best.-Nr. 84001
Analysis II Wahlteil – Baden-Württemb.	Best.-Nr. 84002
Analysis – LK	Best.-Nr. 940021
Analysis – gk	Best.-Nr. 94001
Analytische Geometrie Pflicht- und Wahlteil Baden-Württemberg	Best.-Nr. 84003
Analytische Geometrie und lineare Algebra 1	Best.-Nr. 94005
Analytische Geometrie und lineare Algebra 2 – gk/LK	Best.-Nr. 54008
Stochastik – LK	Best.-Nr. 94003
Stochastik – gk	Best.-Nr. 94009
Klassenarbeiten Mathematik 11. Klasse	Best.-Nr. 900451
Kompakt-Wissen Abitur Analysis	Best.-Nr. 900151
Kompakt-Wissen Abitur Analytische Geometrie	Best.-Nr. 900251
Kompakt-Wissen Abitur Wahrscheinlichkeitsrechnung und Statistik	Best.-Nr. 900351
Kompakt-Wissen Algebra	Best.-Nr. 90016
Kompakt-Wissen Geometrie	Best.-Nr. 90026

Physik

Elektrisches und magnetisches Feld – LK	Best.-Nr. 94308
Elektromagnetische Schwingungen und Wellen – LK	Best.-Nr. 94309
Atom- und Quantenphysik – LK	Best.-Nr. 943010
Kernphysik – LK	Best.-Nr. 94305
Physik 1 – gk	Best.-Nr. 94321
Physik 2 – gk	Best.-Nr. 94322
Kompakt-Wissen Abitur Physik 1	Best.-Nr. 943012
Kompakt-Wissen Abitur Physik 2	Best.-Nr. 943013
Kompakt-Wissen Abitur Physik 3	Best.-Nr. 943011

Erdkunde/Geographie

Methoden Erdkunde	Best.-Nr. 94901
Erdkunde	Best.-Nr. 94909
Geographie – Baden-Württemberg	Best.-Nr. 84902
Geographie BW 2010	Best.-Nr. 84903
Abitur-Wissen Entwicklungsländer	Best.-Nr. 94902
Abitur-Wissen USA	Best.-Nr. 94903
Abitur-Wissen Europa	Best.-Nr. 94905
Abitur-Wissen Der asiatisch-pazifische Raum	Best.-Nr. 94906
Abitur-Wissen GUS-Staaten/Russland	Best.-Nr. 94908
Kompakt-Wissen Erdkunde	Best.-Nr. 949010
Lexikon Erdkunde	Best.-Nr. 94904

Geschichte

Methoden Geschichte	Best.-Nr. 94789
Geschichte 1 – NRW	Best.-Nr. 54761
Geschichte 2 – NRW	Best.-Nr. 54762
Geschichte 1 – Baden-Württemberg	Best.-Nr. 84761
Geschichte 2 – Baden-Württemberg	Best.-Nr. 84762
Geschichte 1 – Bayern	Best.-Nr. 94781
Geschichte 2 – Bayern	Best.-Nr. 94782
Geschichte 1	Best.-Nr. 84763
Geschichte 2	Best.-Nr. 84764
Abitur-Wissen Die Antike	Best.-Nr. 94783
Abitur-Wissen Das Mittelalter	Best.-Nr. 94788
Abitur-Wissen Die Französische Revolution	Best.-Nr. 947810
Abitur-Wissen Die Ära Bismarck: Entstehung und Entwicklung des deutschen Nationalstaats	Best.-Nr. 94784
Abitur-Wissen Imperialismus und Erster Weltkrieg	Best.-Nr. 94785
Abitur-Wissen Die Weimarer Republik	Best.-Nr. 47815
Abitur-Wissen Nationalsozialismus und Zweiter Weltkrieg	Best.-Nr. 94786
Abitur-Wissen Deutschland von 1945 bis zur Gegenwart	Best.-Nr. 947811
Kompakt-Wissen Abitur Geschichte Oberstufe	Best.-Nr. 947601
Lexikon Geschichte	Best.-Nr. 94787

Politik

Abitur-Wissen Internationale Beziehungen	Best.-Nr. 94802
Abitur-Wissen Demokratie	Best.-Nr. 94803
Abitur-Wissen Sozialpolitik	Best.-Nr. 94804
Abitur-Wissen Die Europäische Einigung	Best.-Nr. 94805
Abitur-Wissen Politische Theorie	Best.-Nr. 94806
Kompakt-Wissen Abitur Politik/Sozialkunde	Best.-Nr. 948001
Lexikon Politik/Sozialkunde	Best.-Nr. 94801

Wirtschaft/Recht

Wirtschaft – Baden-Württemberg	Best.-Nr. 84851
Betriebswirtschaft	Best.-Nr. 94851
Abitur-Wissen Volkswirtschaft	Best.-Nr. 94881
Abitur-Wissen Rechtslehre	Best.-Nr. 94882
Kompakt-Wissen Abitur Volkswirtschaft	Best.-Nr. 948501

Sport

Bewegungslehre · Sportpsychologie	Best.-Nr. 94981
Trainingslehre	Best.-Nr. 94982

(Bitte blättern Sie um)